艾玛

的名人访谈录

艾玛·钟 著

北京燕山出版社
BEIJING YANSHAN PRESS

图书在版编目（ＣＩＰ）数据

艾玛的名人访谈录 / 艾玛·钟著 . -- 北京 : 北京
燕山出版社 , 2020
ISBN 978-7-5402-5620-3

Ⅰ . ①艾… Ⅱ . ①艾… Ⅲ . ①名人 - 访问记 - 世界 -
现代 Ⅳ . ① K812.6

中国版本图书馆 CIP 数据核字 (2020) 第 002102 号

艾玛的名人访谈录

作　　者：艾玛·钟　著
责任编辑：王月佳
出版发行：北京燕山出版社有限公司
社　　址：北京市丰台区东铁匠营苇子坑路 138 号嘉城商务中心 C 座
电　　话：010-65240430（总编室）
传　　真：010-63587071
印　　刷：河北盛世彩捷印刷有限公司
开　　本：710mmx1000mm 1/16
字　　数：160 千字
印　　张：12.25
版　　次：2020 年 1 月第 1 版
印　　次：2020 年 1 月第 1 次印刷
定　　价：49.00 元

序

借此良机我要向我的朋友艾玛·钟表达庆贺，她的这本新作旨在向世界各地的读者们展示英国的精华，本书通过英国的习俗传统、文化典范、教育体系以及充满活力的公民社会生活氛围向读者充分呈现出存在于这个开放的多元文化和多重信仰的社会中的持久魅力。

艾玛通过她深邃的视野和细致入微的观察，在本书中深切生动地描摹出英国社会独具一格的风俗和礼仪，而她对于英国的喜爱和尊重也贯穿于她写作的始终。

随着我们同中国这样一个全球贡献与影响力与日俱增的世界大国之间建立起的持续稳固的纽带关系以及日益加深的相互理解，艾玛亦通过此书揭示出英中两国之间将会拥有一个建立在长期承诺与希望之上的新时代。

最后，我由衷地祝愿艾玛·钟在她今后前进的道路上收获更多的成功和喜悦。

曼齐拉·波拉·乌丁男爵夫人

英国上议院

House of Lords

It is a privilege to congratulate Emma Zhong on her latest endeavour, introducing the best of Britain to a global audience. Emma draws attention to the persistent fascination with British traditions, cultural norms, its education system, and a vibrant civic society, enveloped in the richness of an open multicultural and multi-faith country.

Emma's observations, celebrating British customs and its social etiquette are deeply insightful and her love and respect for Britain is ever presence throughout her writing

As we continue to strengthen our bond of friendship and mutual understanding with China and its significant contribution and influence in the world, Emma reveals an emerging era of eternal promises and hope.

I wish Emma Zhong every success in her onward journey

Manzila Pola Uddin
House of Lords

※ 英国上议院议员男爵夫
人 Manzila Pola Uddin

目录

中国的定制王牌——
德爵胡润俱乐部董事长　于永江

　　一部《王牌特工》电影风靡了全球，也将整个服装定制界从幕后推向了台前。一个人的穿衣打扮就像是一串代码，隐藏了一个人的生活态度。在英国，你可以通过一个个商务男的着装，包括衬衫、领带、西装、皮鞋及袖扣中看出不同的个性品味，乃至他们的社会地位。倘若日后你有幸来到伦敦，那一定要在金融城喝一个慢悠悠的下午茶，因为这里汇聚了全世界的精英人才，他们个个打扮精致。杯中的红茶静静沉淀，泰晤士河北岸的 T 台型男络绎不绝，目之所及都是亮丽的风景线。

　　也许你是第一次听说"德爵洋服"这个品牌，但在国内外的高端定制行业内，它都堪称业界翘楚。在 2016 年，它更是获得了胡润百富评选出的"最受富豪喜爱的高端定制服装品牌"殊荣！于永江，是亲手缔造这个时尚王国的幕后男人，是国内高端定制领域内公认的专家。

　　之前因采访任务和他有过几次短暂的接触，后来因为他经常到伦敦出差寻找面料，为更顺畅地沟通交流，他邀请我来做他的翻译。于是，我便有机会跟随他拜访了伦敦很多地方，也从他身上学到了很多东西。

在我看来，他是一个追求完美的人。有一次，我们在伦敦的街头寻找洗手间，他向我透露说自己只用五星级酒店的洗手间。我问他如果附近没有五星级酒店会不会去其他地方将就一下，他神色坚定地对我说："不会，因为这里是伦敦，不缺高档酒店，我也永远只去最高档次的地方，哪怕只是一个洗手间。"从他的处世之道，不难看出他所打造的品牌一定也是"衣如其人"，是有质量保证的。

我想起有一次我陪同他去参加伦敦的一个当代艺术展，途中他带我去了劳斯莱斯店。因为当时比较赶时间，所以我很奇怪为何还要进去参观，后来发现其实他只是进去借用洗手间。店里没有一个客人，只有工作人员，我当时觉得很难为情。但戏剧性的一幕发生了，店面经理居然很热情地为他指引了洗手间的方向，后来还和我们聊了很久，其中大部分话题都与他身上的羊绒大衣和里面的西服有关。后来，我发现每次和他走在街上都像陪同明星出街一样，常常会引来男士赞许的眼光，甚至会有些人专门走上前来，亲口夸赞他的穿衣打扮非常有品味。他告诉我说，时尚潮流不仅仅是女性专有，他想要告诉周围的人，男性也可以引领潮流。

随着不断深入的接触，我发现他自带一种独特的人格魅力，即能够凭借得体的装扮与素未谋面的人一见如故。中国的一句古话"人靠衣装马靠鞍"，原来是真实不虚的。于永江总能在不同场合穿恰到好处的衣服，时刻保持从容优雅、不慌不忙。这个男人没那么简单，我对眼前这张私人定制的王牌和他的时尚王国充满了好奇。

以父之名

今年，对于永江来说格外特别。从 1999 年开始从事服装定制算起，他已在该行业摸爬滚打了 20 年。谈起最初选择进入这一行的原因时，他说多半是受到了家庭的影响。

出生于军人家庭，他记忆里的父亲总是无时无刻不着一身笔挺的西装。父亲喜欢皮尔·卡丹这个牌子，他从小就喜欢看父亲穿西装的样子，幻想着未来也能有一天为父亲量身定制一套专属的西装。他的母亲是一名曾教过中学和小学的老师，是一位常常穿着职业套装，打扮得体的女人。

很多时候，命运早已被提前安排，我们要做的便是秉承天命。于永江后来来到了江苏南京读大学，因为江苏的纺织企业特别发达。毕业后，他的第一份工作便是在江苏最大的纺织服装企业——江苏阳光集团供职。虽然他们也做定制，但就是普通大众的定制，其定位并不是针对高端人群。

相较于国外的成熟市场，"高端定制"这一概念在当时的中国还非常陌生。虽然也有一些定制店，但都是服务中低端人群的。因家庭出身而与服装结缘，于永江一心想要做一套最顶级的定制成衣来回馈父母的养育之恩。于是，在积累了多年经验后，他选择跳出舒适圈，接触高端定制。

选择进入这样一个前无古人的行业，于永江不得不在前期做大量的"功课"，从国外成熟运作模式中吸取经验。对于刚刚起步的他来说，最大的困难便是满足高端客户的个性化需求。为此，于永江常常会亲自跑到意大利或英国，从面料、辅料、纽扣到方巾、领带、配饰，都要经过他火眼金睛的层层挑选，才能放心地进口回国。正是凭借这样以父之名的初心和细致入微的服务，为他日后的时尚王国积累了良好的口碑和稳定的客户群。

不将就，要讲究

生活在社会各方面高速发展的今天，不少人对既耗时又费力的私人定制产生了不解和质疑，于永江对此的看法是："只有专业的定制才会做出真正属于你的衣服。"成衣是根据标准码而大规模用机器生产出来的衣服，是拿同一个版型的标准尺码让不同身材的客人来将就着穿。所以有时袖子长了，有时腰身紧了，人们也只能抱怨一两句，然后无奈地接受。

与之相比，定制就显得更加人性化了。裁衣师傅会根据每个人的身型，并考虑其所在的地理环境来给每个人量体裁衣。在深入考察后，于永江发现中国高端定制的市场其实非常广阔。由于中国国土面积大，气候差异显著，导致南方北方的着衣习惯不同，所以在量体的时候也有不同的方法。比如，南方气温高，定制出的西服可能会更贴身一些；而北方气温低，需要预留出穿保暖内衣或是羊毛衫的空间，所以制定出的西服普遍会宽大一些。

"同时，受气温的影响，在选择面料上也有很多讲究，"他说。例如在英国，南北温差小，因此可以全部采用英国面料。而在中国，根据南北不同的寒冷程度，需要选择相应的英国面料、意大利面料或是瑞士面料来因地制宜。

"另外，'定制'会塑造一个独特有气质的你，它象征的不光是你的着衣品味，更标志着你的社会地位，是你向这个世界展现出的第一张名片，"他接着说。德爵洋服用的西装面料和衬衫面料大多都是限量版，也就是说全球同色系花纹面料仅够做出几套成衣，这避免了人们在重要场合的撞衫尴尬，因此也受到了高端人士的特别青睐。

虽然近几年来，国内也开始流行私人定制，但于永江表示，中国定制和英国定制还是存在相当大的差距。毕竟中国的定制历史只有短暂的 20 多年，还

※ 德爵洋服创始人、德爵
胡润俱乐部　于永江

※ 德爵洋服创始人　德爵
胡润俱乐部于永江

德爵洋服在北京四季酒店的发布会。
左五胡润，左七于永江与身着德爵
品牌的模特们

左起：德爵洋服总经理谷芃霏，胡润百富董
事长兼首席调研员胡润，伦敦哈罗德百货董
事总经理 Michael Ward，德爵洋服创始人、
德爵胡润俱乐部于永江

属于起步阶段，而英国的定制历史则源远流长，可上溯至 200 多年前。

就群体而言，中国的定制市场仅局限于小范围圈层，但他们能够接受的价位普遍要比英国的高。于永江说，这归根结底还是受历史文化的影响。中国的消费群体喜欢奢华的东西，习惯了"最贵的就是最好的"思维模式，对定制文化缺乏深入了解。这也导致了他们往往对定制的要求比较多，什么英国版型、意大利版型、韩国版型，或仅仅因为迷上一部美剧里的律师，就要求做出一模一样的版型。于永江说，这在传统的英国是绝不会发生的，因为不同的定制店有不同的风格，而它们的定制风格都是薪火相传的。如果按照客人的要求改来改去，那便丧失了这个店的独特风格，同时也是对传统的不尊重。

于永江打比方道："它们（高级定制店）就像米其林餐厅一样，我提供什么样的食物，食客就得接受什么样的食物。"这背后隐藏的是对手工艺人的认可，也是对岁月的致敬。

但由于中国定制店基本都以客户需求为本，所以在面对客人这样那样的要求时，只要是合理的都会满足其所需。量体师会根据客户的喜爱对服装进行调整，无论他是希望袖子短一点，还是裤腿紧一点，一切要求皆有可能实现。

除定制历史和群体外，中国定制还缺乏专业精神，缺少细致入微的工艺和传统的定制手法。再加上很多定制店追求速度，选择用机器量体来代替人工操作，这和英国传统的定制有本质区别，也与传统的定制理念背道而驰。

经常出国交流的他表示，希望自己能够引入西方传统的工艺和理念，结合中国提供的个性化量体服务，使兼容并蓄成为德爵洋服的独特风格。正是因为他拒绝生搬硬套，拒绝照猫画虎，努力推动高级定制本土化，德爵洋服才受到了中国富豪的广泛追捧。

这个时代的发展虽然一直高歌向前，但总有一些人比如像于永江这样的人却愿意放慢脚步，不将就而讲究，用心聆听时代所需，用精工细作换来经典永恒。用于永江的话来说，"个性化难道不也是这个时代所欠缺的吗？"

最受富豪喜爱的私人定制

德爵洋服的定制店内，陈列着上好的面料和领带、皮带等各种精致的配饰。在接待区域很显眼地摆放着一本服装文化圣经——《绅士》。翻开书页，洋服发展的近三百年历史和细枝末节尽现眼前。老式的电话机、欧洲贵族的经典皮箱，这里的每个物件似乎都在表达主人所希望呈现出的时光不老，经典永恒的定制理念。

上海作为中国的时尚之都，为于永江打造时尚王国创造了得天独厚的条件。于是，他把公司和工厂都设立在上海。2016 年，德爵洋服被胡润百富评为"最受富豪喜爱"的高端定制服装品牌，于永江骄傲地说道："中国的高端定制从起步开始计算也就 20 年时间，所以我们德爵洋服算是中国手工定制中起步最早，同时也是国内最高端的定制店。"

"用世界最好的面料，选中国最好的手工"，这是德爵洋服信奉的圣经，也是于永江的工作态度。他始终相信细节决定成败，尤其在高端定制服装行业，一针一线都马虎不得。为保证优质，他们的面料都是用世界顶级面料，比如英国 1836 年或 1842 年的老品牌，以及意大利 Loro Piana 的顶级羊绒面料和瑞士顶级衬衫面料，做出来的成品保暖性好且面料轻，悬垂感更好，穿起来也更加有型。另外，他坚持采用全毛针、全手工的工艺，加强了衣服的透气性能，使其跟身体贴合性更强，版型也非常修身，尽显绅士风格。

目前，中国的定制行业正处于梳理阶段，通过淘汰很多不专业的定制店，

❁ 德爵洋服北京保利店

❁ 胡润百富董事长兼首席调研员 胡润，
德爵洋服创始人、德爵胡润俱乐部 于永江，
胡润百富总裁兼集团出版人 吕能幸

❋ 德爵胡润上海店

❋ 德爵洋服创始人、德爵胡润俱乐部 于永江，
德爵洋服着装顾问 栾壹淇

从而划分出高、中、低端。德爵洋服从一开始便将自己定位为纯高端的定制，也一直秉承严格的定制准则。因为采用传统的手工定制，光从工艺和价位来说，就算放在英国高端定制名街——萨维尔街，也是可以和 Huntsman 等那些老牌定制店齐名的。

于永江介绍道，他们的价位起价也是 4000 英镑，但客户满意度最高的还是 5000 英镑左右的定制。随着近几年，中国对外交流机会的增多，很多高端商务人士出国进行商务考察或参加国际会议，需要出席一些正式的重大场合。如果穿买来的成衣，不是袖子太长就是裤腿太大。有些人会直接把太长的袖子剪短，但由于纽扣的位置是不可改变的，所以一经改短，纽扣就完全沿着袖口的边缘了。这样的改动既没有美感，穿着起来也不舒服。这也是为什么会有越来越多的人选择私人定制，虽然看似过程繁复，但结果却是事半功倍。

现在的定制市场针对不同的目标群体大致可分为两种：一类是商务人士，他们大多需频繁出席正式的商务活动，因此定制出来的西装需要显得得体庄重；另一类则是时尚人士，他们追求个性，喜欢与众不同，不愿和别人撞衫。根据他们不同的体型和所从事的职业，从面料到图案、颜色的选择都要独具匠心。无论是哪一类，德爵洋服始终坚持一人一版、单量单裁的做法，拿精心挑选好的面料去贴和客人的身材来量身定制。正是这种面面俱到、处处周全的考虑，让德爵洋服深受富豪喜爱，也让于永江成为了他们手上的一张可以信赖的着装王牌。

以衣会友的理想国

于永江向我介绍说，德爵洋服自身定位的客户是以北京和上海为中心的高净值商务人群和中国的名流圈层，为他们提供的是会员制的定制服务，目前已辐射到成都、大连、哈尔滨、杭州、西安、深圳等大城市的富豪圈。不难看出，他瞄准的都是中国经济发达的中心城市，然后以这些城市为中心提供上门量体的定制服务。

五年前，德爵洋服和胡润百富合作，共同打造了"德爵胡润俱乐部"，推出只做高端的家族衣橱管家服务，包括 30 万、50 万和 100 万三个档次的会员管家式形象包装服务。其中，胡润百富排名前 100 的上榜富豪中有 30 多位是该俱乐部的会员。

提起双方合作，他表示一切都是机缘巧合。胡润的胡润百富公司和于永江的德爵洋服几乎同时成立，从 1999 年开始发展到现在都有 20 年的历史。胡润是英国人，平时对英式穿着很讲究，懂得其中的精髓和文化。再加上胡润百富本身针对的就是中国高净值人群，所以整个理念和目标客户与德爵洋服都是切合的。于是，双方会晤后便一拍即合，在上海注册了名为"德江幸润"的公司。公司如其名，"德"取自德爵洋服、"江"取自于永江、"润"取自胡润，最后的"幸"取自胡润百富中国 CEO 吕能幸。于永江希望借此能够打造一个以衣会友的理想国。

他认为仅提供服装产品是远远不够的，他更想做的是以服装为载体来传播一种礼仪文化。虽然现在很多成功的企业家会进行大量的出国考察交流，一说到专业领域知识，他们都能侃侃而谈，但只要提起西方特有的着衣代码（Dress Code），他们便会两眼一摸黑，感觉力不从心。他跟我讲起之前有一次通过微信朋友圈看到一位朋友去参加国际晚宴时，把领结直接系在了脖子上。按照国际惯例，领结应该系在衬衫上，但因为在国内很少会用到，所以有些人对此并不了解，以为可以这样系，结果却闹出了国际笑话。

"我希望通过这个平台，能够减少这样不必要的笑话。只有你的着装得体，才会获得对方的信任与尊重，才会让你有机会开口，实现你的个人价值和理想抱负，"于永江说。

在定制文化的引导下，于永江相信未来在中国偏好定制的客户会越来越多，因为随着收入的增加、生活品质的提升，人们对穿着打扮也会越来越讲究。正确的着装会给人留下良好印象。无论是东方的"以貌取人"还是西方最看重的"第一印象"，都能看出穿衣打扮在人际关系中扮演的重要角色。比如在桌上谈判，进行商务高端活动或是国际社交，一个人的穿衣品味直接决定了他在别人心目中的印象和地位。尤其在国际社交场合中，得体的装扮不仅能够提升自身和企业的国际形象，同时这也关乎着一个国家的面子。

于永江热衷于组织这些喜欢服饰文化的会员通过这个平台做一些高端交流活动，这些交流常常会从探讨服饰这一方面出发，然后延伸至商务合作。在他看来，这个俱乐部更像是一个商务组织，他们每年都会定期组织英国行、美国行、迪拜行，做一些商务考察以及和服装相关的主题活动，以衣会友，架起的是友谊、品味以及商业的桥梁。

从 2015 年开始，每年 6 月，德爵胡润俱乐部都会组织"英国企业家活动"。组织国内各行各业的精英前往英国参加英国皇家赛马会或是有查尔斯王子出席的正式晚宴。大多数人都不知道该如何正确着装，于是于永江便担起了时装顾问，指导他们在不同场合搭配不同礼服。于永江热爱这份工作，通过服装来向国人普及礼仪文化，同时也让外国友人对他们的着装投来赞许眼神。看着一单单国际合作顺利达成，于永江也收获了满满的成就感。

一个人对职业的专注，往往源于对生活的热爱。于永江每次都会提前一周到达英国，然后像个背包客一样穿梭于英国的大街小巷，提前寻找好最古老的酒店和最有味道的餐厅。虽然英语不是很精通，但这丝毫不影响他对生活的热爱。即便是在英国待了很多年的我，也常常自叹不如，有很多地方要不是因为借着陪同他前往，我都不知道有那样一片天地存在。我常打趣道，自己就是一个典型的英国乡下人，而他已经可以自己出一本英国酒店及餐厅推荐指南了。

给服装以生命，给定制以文明

于永江喜欢有历史感的东西，在他看来，但凡经过时间洗礼还能够屹立不倒的，其背后一定都有很多让人肃然起敬的故事。

每到一个国家，除了逛定制服装店以外，他还要去当地的古董店看一看，几十年前的旧自行车，或是上个世纪的老唱机，只要是他想听的故事，他都会不远万里地将它们搬回北京，然后陈列在店里，用他的话说，"一针一线穿起的不只是一件衣服，还是一种文化。"

他做的就是一种文化，对时尚文化的引领，对礼仪文化的传播，对历史文化的遵从，对定制文化的严谨。只有用最专业的态度才能做出最顶级的服装，他希望能够给服装以生命，给定制以文明，希望自己的品牌也像那些古董一样经得起岁月的考验。

有一次，我陪同他去伦敦的 Loro Piana 定制店，由于之前没有接触过这个品牌，所以并不知道它在高端定制行业内的地位。进去之后才明白什么是真正的奢华：从几千英镑的围巾到几万英镑不等的成衣，上万英镑的羊绒大衣更是比比皆是。当我们前脚刚踏进店面，经理便迅速朝我们走来，一眼就认出了他身上穿的是用该品牌去年限量版面料做的大衣。后来于永江向我介绍道，这个品牌专用意大利顶级品牌的羊绒面料，而定制一件它家的羊绒大衣则要40万人民币起价。

想要打造一个能够存活百年的老店，就要与顾客产生情感纽带，而彼此间的信任则需要有顶级质量来保障。只要一有空余时间，他就喜欢东逛逛、西走走。刚开始接触他时，我暗想怎么会有比女人还爱逛街的男人。后来才明白，原来他是在吸收新鲜的潮流以及文化元素，他时时刻刻不忘自己服装审美师的专业身份，对美有异乎常人的感知。这也解释了他为什么总是亲历亲为地去挑选每一块面料、每一颗纽扣，"我就是要用最顶级的面料和最细腻的匠心，为每位顾客定制属于他的一期一会，"他曾这样和我解释说。

比如，每到伦敦他都会去一趟位于萨维尔街上的 Huntsman 定制店。这家曾因出镜《王牌特工》而火爆全球的定制店是英国绅士文化的代名词。由于他频繁前来学习交流，现在他已成为这家定制店的老朋友，而和店里的裁衣大师互相切磋取经，也成为了他每次到访伦敦必不可少的例行公事。他常常跟我感慨这家店的历史全都浓缩在一把尺子、一本客户记录簿里，150 年的文化底蕴使得这家店的每件成衣都有很多故事可以说。

在采访的最后，于永江跟我分享了一些有自己独到见解的潮流资讯。中西贯通的他指出：就服装而言，中国人思维观念还是比较传统的，衣着风格相对保守。他说很多国外的高层领导人和富商其实非常注重时尚搭配，敢穿独树一帜的衣服，比如夸张的风衣、彩色的袜子或是休闲的鞋子。在他看来商务正装风和时尚休闲风在很多地方是相通的，出现在同一场合并不矛盾。他希望能够把这些西方大胆的穿衣理念引入中国，做时尚潮流的领军人。

在欧洲，高级服装定制已成为一个人社会地位和生活品味的象征。在国内，虽然高级定制的观念还未普及，但是我相信，有像德爵洋服这类高级定制店的存在，一定能够推动中国的定制文化不断向前发展，让国产的高级定制服装品牌在未来也能够大步流星地走出去。

生命在于折腾的跨界奇才——
"黄河的女儿"鲁京京

　　与鲁京京的初次相识是在 2017 年 7 月的英国皇家赛马会上，在此之前，我通过"普契尼女神"王蓓蓓对她有一星半点的了解，因为她是王蓓蓓的指定设计师，她设计的服饰随着王蓓蓓的歌声遍及国内外。

　　多年的默契合作让她们私下里成为了关系很好的朋友，所以在那次赛马会上，我邀请了王蓓蓓和她一同前往。因为当时她已是小有名气的华人设计师，在见面之前我担心会难以招架。但让我万万没想到的是，我们一见便如故，一聊就停不下来，毫无距离感。要知道，在英国这样一个天天阴沉着脸、看不到太阳的国家里生活，能遇到这样一位浑身散发着光芒的朋友是多么难得！

　　"我很欣赏你的穿衣风格，不啰唆，很干练。"这是我们初次见面时她对我的印象。能得到专业设计师的青睐当然是一件令人兴奋的事情。不过后来，我才知道这种赞赏是何其荣幸。

✤ 左一王蓓蓓，左二鲁晶晶，
右二 Chris Luo，右一 Emma Zhong

✤ Diana 与好莱坞当红明星
《白雪公主之魔镜魔镜》
女主角 Lily Collins

17

❋ Diana Lu 身着自己设计的同
名品牌 "DIANA LU" 时装

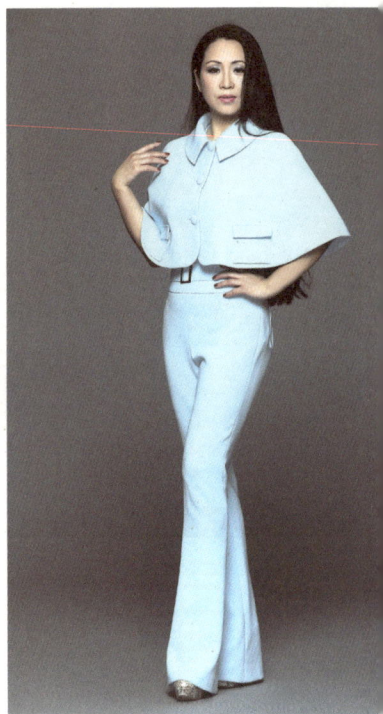

不折腾，妄生活

在交谈过程中，我才得知原来"设计师"这条路一开始并没有列入她的职业生涯。那个人生轨道甚至都提不上跟时尚沾边，因为她差一点就成为了医生。

中学时代，她文科和理科的成绩不相上下，对各个学科也没有明显的偏好喜爱。高考时，她报选了北大，但在考场上因误把数学和化学这两个科目的正题当作附加题做，导致最后与名校失之交臂。最后，在母亲的坚持下她做了一个令自己终生后悔的决定，那就是去兰州医科大学学医。

开学不到两个星期，她就发现自己不是学医的那块料，于是吵着闹着就要退学。她记得母亲当时只淡淡说道："退学可以，但是我们不会再养你，以后你想干什么就去干什么。"她低头看看赤手空拳的自己，无奈之下只能选择硬着头皮先完成学业。就这样她一路走来磕磕绊绊，在毕业前夕便下定决心，以后打死也不做医生。

当时大学生毕业后，国家都会给分配工作，也就是所谓的"铁饭碗"。但鲁京京坚决表示，如果不是自己喜欢的工作，即便工薪待遇再好，她也不愿违背心意地抱着"铁饭碗"，然后浑浑噩噩地度过余生。

她下定决心要去见更广阔的世界，去过更精彩的生活，即便她对未来一无所知。一毕业，她就四处寻找非医生类的工作。在她看来，那整整八个月的求职是她人生中最难熬的阶段。刚刚走出校园，一穷，穷在没财富积累；二白，白在没社会经验；再加上违背父母旨意，她走投无路只能靠同学"收留"度日，吃"百家饭"过活。即便生活已跌到谷底，她也没有放弃任何机会。八个月的坚持，终于换来了一个大学老师职位的面试机会。最终，她如愿以偿地走进了西北民族大学。

与现在年轻人一毕业便想要安居乐业的心态不同，"安稳"从来都不是她所追求的，"折腾"才是她人生的本色。当了大学老师一年之后，她觉得这样的生活过得太舒坦了，她开始惧怕面对一眼便能望到底的未来。于是，她果断辞职，主动跳出舒适圈，只身一人来到深圳闯荡。父母对她这种不安分的行为再次表示不理解。多次沟通无果后，她不再强求取得支持，决定今后要按照自己的意愿度过一生。

1993 年，鲁京京来到深圳，开始一个人在商海里摸爬滚打。起初，她在香格里拉大酒店做培训主任，后来又辗转到了英国德士力国际公司，从办公室主任一直做到了副总裁。在旁人看来，她的生活正值风生水起，但天性爱折腾的她不甘于安逸，于是马上又做出了常人无法理解的选择——出国创业。

漂洋过海，只为圆梦

借着商务考察的身份，鲁京京漂洋过海，从深圳飞到美国，开始了她的创业生涯。之所以决定来美国，与她从小到大喜爱英语有关。鲁京京从小便能说一口流利的英语，并且具有超强的语言模仿能力。从 10 岁开始，她坚持学习Follow Me（一档英语节目），每天一到下午 6 点，她就会准时地在电视机旁打卡。这个习惯她一直坚持到大学毕业，这也为她日后的出国奠定了基础。

赶巧的是，当时她的未婚夫也在美国，凭着爱拼才会赢的心态，她只身飘洋过海，在大洋彼岸实现了事业与爱情的双丰收。

与大多数海外华人不同，鲁京京一没在美国求过学，二没在美国打过工。初来乍到的她直接去那里创业，成立自己的公司。1998 年到 2001 年，她仅用短短的 3 年时间就把一个品牌由 0 的营业额、0 的市场份额增长至价值超过 1 亿 2 千万的市场价值，成为了当时光纤通信行业中最年轻的，同时也是唯一一位女性的企业家。

2002 年，鲁京京决定从商海中抽身而出，转而进入艺术领域。她先后去学了美国著名的音乐学院 ACT 学习声乐、舞蹈和表演，并师从于三位著名的声乐老师，同时参加了几个著名百老汇音乐剧的试镜，还获取了 CALL BACK 的机会，这次艺术领域的成功试水，使她在音乐艺术表演领域有了更深入的基础，在音乐艺术表演领域的华丽的服装也为她日后从事设计埋下了种子。

当我问她为什么选择进军服装设计这个行业时，她笑着回答说我从小就特爱臭美，时尚就在我的血液里，我其实已经为自己设计很多年了，只不过把他人的款式设计改变成自己想要的风格，再说其实自己还是在进行老本行的工作——做跨文化国际商业市场的开发和推广咨询。发现时尚这个巨大市场是在一次非常偶然的机会中，本着多年来对艺术脉搏的把握，她认为这个市场具有很明亮的前景。2007 年，她在旧金山成立了自己的同名自创品牌——Diana Lu。这么多年走来再回首，近十年的心血与付出没有白费。

其实，她所做的一切都万变不离其宗，那就是希望通过这一代中国人打造出真正能够与西方 LV、Gucci 相媲美的顶级中国品牌。她相信这个目标在不久就能够实现，因为他们在打入中国不到两年时间里，已取得了显著成就。自 2007 年该品牌在美国问世后，第二年便迅速打开了好莱坞市场，受到了众多一线影星和奥斯卡红毯记者的青睐。

由于她自身复杂多元的身份，她的设计灵感往往来源于个人生活、过往经历以及对艺术的信仰，因此她设计出来的服饰总能很好地将多种看似对立的元素兼收并蓄，将中西文化杂糅再创新，让人眼前一亮。比如，在接受这次采访时，她穿着一套宝蓝色的套装，上半身是丝绒材质并搭配维多利亚时代的花边高领，下半身则是具有中国元素的水墨画图案，这样中西结合的设计产品毫无违和感，看上去显得非常得体而优雅。

"我也是时尚的消费者之一，我就发现像我们这种有多重文化背景的人，很难找到既适合东方又适合西方的款式。"这是鲁京京长期以来的困扰，在还没有创立自己品牌之前，她经常把买来的著名品牌（例如 LV，channel，YSL 等）进行改造，从而让它们看上去更适合自己，形成自己的风格。

在品牌成立之初，有一个著名的公关公司根本对于 DIANA 的想法不屑一顾，甚至认为是疯狂。初出茅庐的鲁京京在一片质疑声中，用短短 3 个月的时间创作出 66 件服装，包括正装、晚装、小礼服，并成功举办了初秀。此后，他们的良好口碑迅速在商业精英人士圈内流传开来，受到了来自世界顶级企业 500 强高管们的好评，因为这些人群需要的就是这种有个性，同时低调不奢华的服饰，他们更看重衣服的品质和文化，更需要的是其实用价值。之后，Diana Lu 非常顺利地从美国进入到了中国市场，国内一线影星，包括赵雅芝、李冰冰、闫妮、苏芒、佟丽娅等都曾穿过该品牌登上杂志甚至封面。

在英国，Diana Lu 已积累了非常稳定的顾客群，其中，著名的"普契尼"女高音——王蓓蓓就曾穿着她设计的青花瓷晚礼服登上了凤凰生活杂志的封面。当谈到好朋友时，鲁京京笑着回答道，缘分有时说来就来。在一次偶然的机会里，她碰到准备前往中国出席活动的王蓓蓓。正在寻找合适服饰的王蓓蓓通过凤凰卫视的推荐，决定选用 Diana Lu。初次见面，她被王蓓蓓身上那种优雅气质和艺术品味深深吸引。事实证明，王蓓蓓的选择没有错，由于她曾经有过学歌剧的经历，她设计出来的服饰既能展示艺术修养，又不失文化底蕴，东西文化完美的交融让人耳目一新。

"我们努力的目标是当她穿着我们品牌的时候，看到的是唯一的她、最美的她，而不是在看到你的时候会说，'Oh，She wears Doir，This is Channel 等等（这个是迪奥的、香奈儿的衣服），如果大家只看到 LV，Dior，那么蓓蓓呢？你根本看不到蓓蓓了。所以，我们要的不是你看到她穿了什么样的'牌子'，而是要看到她，看到蓓蓓光鲜靓丽的独有魅力，而完全忽略品牌，所以我真心希望所有的客户当身着 DIANA LU，她们看到的是最靓丽的自己，而不是品牌如何了，因为每个人的魅力都是独有的，我们特别推崇：DIANA LU 勾勒你的价值，高定你的强调，你是唯一的！"

在设计衣服的时候，鲁京京会习惯性地把自己先视为一个用户，然后才是设计师。因此，她总会先考虑到顾客穿着她的衣服代表什么，舒适度如何。要知道，美丽又舒服是件不容易做到的事情。

天性充满正能量的她从未对未知感到迷茫，一眼望不到头的未来让她倍感兴奋。来到英国以后，她发现自己走在街上总会碰到路人投来赞赏的眼光，有时甚至会停下来对她说如何欣赏她的穿衣风格。"我觉得我们的品牌在伦敦市场肯定是有一席之地的，因为我们非常重视中西结合，仅凭这一点我们就有立足之地，因为这是未来整个时代的潮流。"

敢想敢做的黄河女儿

鲁京京就像行走江湖的侠客，多变的身份让她在任何职场都能游刃有余。除了新晋的设计师身份，她还是亚马逊排行榜畅销书《黄河的女儿》的作者。

都说机会总是降临在有准备的人身上，2004 年，又一个机会不偏不倚正好降临到了鲁京京头上。有一次她看到中国商人在美国被骗，激起了她想要帮助这些人的念头。因此，她于同一年成立了 Image Global Impact（全球形象创举公司），主要是帮助中西双方的品牌、产品和企业顺利进入美国市场。为更好地宣传这一理念，她决定出一本个人传记，借此来介绍整个公司，成为中国企业进入美国市场的桥梁。让她没想到的是，这本书在美国亚马逊出版以后一炮即红，在当年总共 200 万本书中，拿到了第 271 的排名。

鲁京京希望这本书可以帮助中西方企业更有效地开展各种经贸合作，帮助更多优秀的人在生活和事业中获得更大的成功与幸福。世界著名作家狄帕克·乔布拉（Deepak chopra）曾对该书作了高度评价，称《黄河的女儿》是"执着，意志，勇气及成功的见证。"

虽然这本书原版是由英文篆写，但在国内也有中文版销售。2005 年，她还为宣传此书来到英国参加了最大的书展。也就是在这次书展上，因为该书精致的彩页设计而被众多出版商相中，世界上前三大的国际发行商都出版过它。现在，除了中国、美国出版商以外，来自澳大利亚、新加坡在内的出版商也纷纷闻讯前来，寻求出版机会。

常挂在鲁京京嘴边的一句话是，你不做怎么知道不行，放手去做吧！You never know until you try! 每当面临人生重大决定时，她从不优柔寡断。只要是她认定的事，她一定会放手一搏。她从不关心结果成败输赢，重要的是做过。思想上的巨人、行动上的矮子是她最嗤之以鼻的。"很多事情再怎么考虑也无法保证万无一失，重要的是你是否能把握住时机放手去做。"

遇见未知的自己

目前，Diana Lu 最大的市场还是在中国。随着国内近几年消费的不断升级，中产阶级以上对个性化着装方面的要求也在提高。虽然大多像她这样进入中年以后的女性，才具有很高的社会地位和购买力，但她们却会常常面临找不到衣服穿的尴尬境地。因为现在放眼全球，无论是美国、欧洲还是英国的设计师都在为迎合80后、90后的潜在消费者而设计。她果断的抓住了这档市场空缺，准确自身定位进入中国北上广深这些城市，为那些都市白领提供专属的私人定制。

作为设计师，她天性对潮流敏锐。随着国内电商如火如荼地声势壮大，她大胆地选择引领潮流，将这个私人定制的品牌推广进入线上商城，成立了自己的线上商城，同时把对于普通收入的白领阶层的副牌也带入天猫、京东，于是，顾客在逛商城的时候，她的风格会通过专业的时尚团队量身裁定，制作出带有专属logo的成衣。

除了国内的定制业务一路高歌向前外，鲁京京下一步还计划进入欧洲市场。其实，她本来计划2018年先进入巴黎市场，但通过一次来英国的考察，她迅速转变心意。因为无论是兼容并蓄的文化还是诡变多端的天气，英国都仿佛在为她的品牌量身定制一般，让她设计出的作品可以无缝对接消费市场。通过这一年在英国积累的经验，她对未来打开巴黎市场更是充满信心。

回到我们的初次相识，在那场赛马会上，由于她性格直爽，她当着所有人的面，直言不讳地跟每位穿着不得体的女士提出她的意见，并从设计师的专业角度，给出如何更好地搭配色彩和图案的建议。当天赛马会上，我们一个包厢里坐了16个人，她挨个一一点评，唯独轮到我的时候，她爽快地赞赏道：得体！

第二天的赛马会，我邀请她来到皇家会员专属区域。当天，她穿着一身婴儿粉的套装并搭配着同色系的夸张帽子，一进去，很多打扮精致的英国女人便对她投来赞许的目光，纷纷上前询问在哪里购买的服饰。当她说都是自己设计的时候，许多人都留下了她们的联系方式，希望以后有机会也能为她们设计。其中，Vogue 杂志英国版的编辑对她的设计大加赞赏。就在那一天，她结交到了很多人生挚友。

后来，我们因有共同的品味而成为了好友，会时不时地在百忙之中抽空出来增进友谊。岁月仿佛在她身上静止一般，因为她总会随时随地充满一腔热情，对未知的事物永葆好奇心和新鲜感。"人生有梦想就要快速去实现它，尝试了不一定全部成功，但如果你一开始就不敢迈出脚步或是怕得罪人，那么你是一定不会成功的，我认为人生是不设上限的，是一个让我们不断探险，发现惊奇和实现梦想的旅程！"她抿了一口热茶，闪着明亮地双眼对我说道。

皇室礼仪资深教父级人物——
菲利普·赛克斯（Philip Sykes）

在去年秋季的伦敦品牌推荐会上，我被邀请前往参加。在那里我见到了很多圈内的华人朋友，我们一边品着迷人的香槟一边聊着各自的近况。我们很喜欢在这样难得的机会下合影，而且女孩子嘛，都是打扮的漂漂亮亮来参加这样的聚会，总会这拍拍那拍拍，生怕错过任何一个展示自己美丽的机会。

很快我们就被敲打香槟杯的声音给吸引了，"接下来有请菲利普·塞克斯先生给我们讲几句话"。主办人介绍道。我们很认真的听着在这种场面该有的客套话，但我觉得眼前这个面相斯文穿着讲究的男人看起来特别得顺眼。我身边的朋友在我耳边低语："他可是一把言行的尺子，我都不敢跟他一起用餐，哪哪都错。"

我顿时对他有了好奇的心理，讲话完毕，就是随意社交的时间了，我和我的朋友们都端着香槟向菲利普走了过去，和他寒暄了起来，他对中国很了解，甚至他还用微信，他知道微信是我们最喜欢用的聊天工具。我们的聊天进行得很愉快，我身边的一位女性朋友突然拿出了手机示意可以扫一扫他的二维码进行现场添加他的微信。意外的是他的回答："Girls，我非常抱歉，我的手机已经和我的外套一起存起来了，我不想在这样的场合接打电话，但我带着名片。"
说话间他从西装口袋里掏出他的名片双手递给了我们。

英国皇室礼仪御用礼仪大师

在这个国度有标准的礼仪文化，而这也不是短时间就能完全学会的，我不介意有人当面指出我做的不够好的地方，相反我很感激，因为他眼中的我就是大部分别人眼中的我，我尽可能的让自己学习到正确的社交规则。渐渐地，随着社交场上的见面，和菲利普慢慢地熟悉了起来，我决定给他做一次关于英国礼仪文化的正式访谈。

菲利普是英国皇室御用礼仪培训大师，英国专业礼仪培训机构创办人，这样一位手握皇家礼仪金科玉律的资深教父级人物，他的人生始终与礼节和教养脱不开关系，仿佛一早就注定了他要走上这条路，用这种方式让世界变得更美好。

菲利普从小就受到家庭的严格教育，他的母亲十分重视行为规范以及日常礼仪的培养，他和他的兄弟在这样的训练下早早养成了很好的习惯，知道如何更好地待人接物，而且还借此进入了很好的学校，这些行为准则可以说令他们受益终身，帮助他们建立起自信，对此他十分感激父母，他始终相信，当一个人深知自己所做的事是正确且得体的，他就会时刻怀有十足的自信。

"每个人不论贫穷或是富有，都可以有良好教养。"这是菲利普的话。比起奢侈品，他觉得教养更像是生活必需品，通过简单的动作和心意就能够让其他人有截然不同的感受，比如一根钢笔，菲利普的母亲当时要求他们不论在学校的课业有多忙，一周都至少写两封信寄出去，所以直到毕业、工作、创业，这个习惯始终跟随着菲利普，也让他获益颇丰。

　　菲利普认为在现代社会中，电子设备和多元媒介对人们的影响不可小觑，很多人已经忘了如何与人交流，忘了如何聆听、体会其他人试图传达给自己的信息，人们如此沉溺于自己的小世界，以至于不再活在当下。人的生命中有两个最重要的事物——健康和时间，人们需要明智地对待它们，珍惜眼前的时光，因为"当下"总是转瞬即逝，对此他给出了两个建议，一是交流时关掉手机——当你和其他人相处时，把手机静音，别摆在桌上，放进口袋里，专注于

❀ 英国查尔斯王子殿下与菲利普·赛克斯

❋ 菲利普·赛克斯与
Isobel Kershaw

❋ 菲利普·赛克斯与
Emma Zhong

当下，和他人互动，深入了解对方，学会沟通，感受那些真实的细节，比如肢体动作，眼神交流，微笑；二是使用钢笔——当你参加了一个晚宴，结束后回到家，你可以用笔把感谢的话写在卡片上寄过去，而不是通过 WhatsApp 或者其他的社交媒体致谢。菲利普在培训年轻人的时候，他也会格外推荐他们利用钢笔，面试之后一定要写一封感谢信回复给面试官，一来可以在信中附上自己来不及提及的信息，二来收信人会十分感动，这是一个双赢的局面。

"日常生活中的这些小东西确实是很有力量的，你自己在做出一个动作的时候可能不会注意到它给对方带来的印象，但是当你看到对方做出一个动作，你又会被潜移默化地影响，很多小细节都能够显示一些问题，比如是否在餐桌上使用牙签，就算你捂着自己的嘴巴，也仍然可能会让人感到不适。教养深深根植在我们灵魂中，当你看到一个真正的绅士或者淑女，那些内在的、成为习惯的举止很有魅力又很真实，绝非矫饰，每个人都可以学习良好的礼仪，并不一定需要出身富庶。当一个人用一种更优秀的方式表现自己，他逐渐也会变得更优秀。"Act as you become——这句话菲利普在采访中强调了很多遍，他以英国人为例解释了这个观点，了解一个英国人往往需要很长时间，但是一旦走近他们，真正开始了解他们，他们会成为一生的朋友，所以建立信任关系是你要做的第一步，在这个过程中，人要始终抱有一种奉献态度，看看自己能为对方做些什么，而不是一味关注对方能给自己带来怎样的好处和利益，这样一来，任何人都更容易建立起稳固的良性关系。

父母是最好的礼仪老师

然而这样的意识和习惯要去怎样培养呢？从菲利普的人生经历中可以看

出，这和后天教育是分不开的，正因他深刻认识到父母的影响力，教育下一代如何处事立身也就成了他创立礼仪培训学校的出发点和目标。养育孩子是这个世界上为数不多的不需要资质和证书的事，每个人都可以做，训练和学习都不是必须的，所以如何言传身教尤为重要，因为父母是孩子的第一任老师，身为父母，或者未来即将为人父母，最大的责任就是给孩子一个正确的开始，指引他们探索一条更好的路。他的学校独特之处就在于，培训小孩子的时候，他并不从约束小孩子的行为处罚，而是将培训父母作为培训孩子礼仪规范的基础，法语中有一句很常用的俚语，翻译成英文是"Knowing what to do in any given situation"，也就是他强调的，在任何情况下都知道自己该怎么做。如果这一代以及下一代都能在一致的水准上互相交流，替彼此考虑，这个世界会好上许多，生活也会轻松许多。

可见，行为举止、举手投足都是他们的授课范围，其中，非常重要的一个部分是餐桌礼仪，比如怎样握刀叉，怎样使用酒杯。餐桌礼仪有时候会起到意想不到的作用，因为一个人在餐桌上的表现永远无法重来，应聘的时候求职者可以向招聘人提供自己的简历和证书，用各种各样天花乱坠的话来包装自己，当对方看到这些有意安排并展示出来的东西，她会觉得求职者非常优秀，继而录用这个人，然而一个月之后她可能会发现，自己之前看到的并不都是真的。但是当一个人拿起筷子或刀叉，他就会变得更真实，这也是为什么现在应聘结束后往往应聘人会和面试官出去吃饭。所以在餐桌礼仪课程中，菲利普很注重情商的培养和提高，这是自我提高的关键。

除此之外肢体语言也是菲利普关注的重点，有时候肢体语言的信息量要比口头语大得多，而且难以置信的高效。一个小孩子通过母亲的一个动作或一个眼神就知道她接下来要说什么，是否高兴，日常生活中 75% 的沟通是通过肢体语言完成的，所以人们需要注意到自己的举止、表情以及眼神等等传达给他人的信息是怎样的，人们的意识会影响身体，人们身体也会反过来影响意识，站在公众面前发表自己的看法时，肢体语言是一个人在短时间内让其他人印象深刻的有力工具，科学证明人类在十秒内就可以树立起对另一个人的第一印象，人都不愿意评判别人，但是潜意识中还是多多少少会这么做，所以无论走到哪里，人们都要有意识地规范自己的肢体动作和面部表情，有时候第一印象可能会起到决定性作用。

他是人生的艺术家

很难想象，这样一位拥有 25 年专业礼仪教学经验、与查尔斯王子共同创立英国文化遗产保护学院的礼仪专家，刚刚从大学毕业后，首先进入了一家餐厅工作，当然也正是因为这一契机，他得以在年轻时就窥见了服务业不同部门的内部运作流程，从而提炼出许多自己的感悟。他所在的那家餐厅在他入职不久后就成了国内最好的餐厅之一，这家餐厅并非拥有最好的食物，但是却拥有绝佳的整体用餐体验，他们体贴入微，高度注重细节，每时每刻将顾客的需求放在首位，这些早年间的经历和训练对菲利普日后的事业发展至关重要，他借此学会了利用同情心关心他人，与他人互动，在相处过程中让对方觉得舒适自在。就职期间，他研读了四季酒店创建人之一的书。在四季酒店创始人的经营理念中，"黄金钥匙"是重中之重，也就是"己所欲，施于人"，如果管理层以这样一种方式对待顾客，那么也应该以同样的方式对待员工，因为在这世上最大的资本和宝藏不是在居住的房子，也不是周遭的建筑，而是身边的人，这个观点深深地启发了菲利普，并开始逐渐走上礼仪培训的道路，他希望越来越多的人能够明白，我们就是我们自己的品牌，而如何展示自己也并不仅仅是出于自身利益，同时也是为了造福他人，尊重他人就是尊重自己。

菲利普对礼节和教养有许多独特见解，但是一言以蔽之，在他看来良好礼节就像文化的融合，他所做的并不是告诉其他人英式礼节是最正确最优雅的，其他文化中的礼节都是错误的，正相反，他造访了许多国家，深知互相尊重互相学习的重要性，取其精华，让它们渗透到自己的生活中，成为自己的一部分。

多年前他有幸去往中国，见到了很多合作伙伴，那次旅行让他最为印象深刻的就是中国人双手递出名片的动作，并被这个礼仪之邦从骨子里渗透出的儒雅所打动，从那以后他也开始用双手递出名片，很多人都被这个优雅又温和的细节所感染，纷纷问他是从哪里学来的，他告诉他们是中国，于是不知不觉，他身边的很多朋友也都培养出了这个习惯。所以关于礼节、文化和风度的一切，都围绕着互相学习的过程展开的，诠释出我们如何了解彼此的国家，彼此的世界以及彼此的文化。礼节意味着时刻了解你周遭的人和事，随机应变，就像你在楼梯上提着重重的行李箱时，往往会有人主动提供帮助，当帮助别人已经成为一个人习惯和天性，所有你给予这个宇宙的，都会以另一种方式回馈给你。

采访结束后菲利普先生送我们离开酒店，他先为我们打开门，让我们走出去，自己慢慢把门关上，小心谨慎地走到楼梯前，一级一级将我们引到大厅，随后他才转过头慢条斯理地说："一个绅士只有在一种情况下才会主动走在女士前面，就是下楼的时候，这样可以在下面几级楼梯上随时保护女士，防止她们不慎跌倒。"这个细节令我印象深刻，这种细微之处体现出的体贴和沉稳正是一个人真正教养的体现，也是打动其他人并建立友谊的基础，菲利普就像一个艺术家，将这些看似并不起眼的东西融汇成一首优雅的乐曲，让身边的每个人都在潜移默化中变得更平和更友好，这大概就是礼仪和教养的伟大力量。

来自东方的普契尼女神——
著名女高音歌剧演员——王蓓蓓

前不久伦敦的 Cadogan Hall 上演了意大利歌剧《蝴蝶夫人》，于是我和朋友一起去了现场观看。在此之前我一直对这部歌剧充满期待，我知道女主角是一位中国歌剧演员，因为《蝴蝶夫人》是意大利著名剧作家普契尼的代表作，从 1904 年 2 月 17 号首次演出一直到今天 114 年了，一直活跃在舞台上，经久不衰。每一次演出观众都报以极大的期待和关注，因此《蝴蝶夫人》对女主角挑选非常挑剔，普契尼作品要求女主角要有辉煌的高音区，饱满的中低音区，而同时具有这两方面的条件的人其实并不多，我很好奇在一部知名的意大利悲情歌剧里，在一台满是外国演员的舞台上，她担纲的女一号"蝴蝶"要如何征服观众。

序幕拉开，舞台台布景如画般美丽，故事则如诗般凄美。我虽然不懂意大利语，但很享受意大利歌剧的唱腔和旋律，配上幕前的英文字幕和意大利语卷舌后缀音的高调，再融入激扬的乐章，让人渐入佳境，不由自主地被这段颤栗在星光下的爱情而打动。将我不知不觉带入"蝴蝶"的人生中，我的思绪我的情绪已经与身体完全分离，完全不由自已，不能自拔。

到了第二幕时我的脸上已经布满泪水，害怕引起旁边人的注意，我极力控制着我的眼泪。中场休息的时候我从楼下第一排的位置挪到了楼上靠边的最后一排，拿了一杯香槟和一大包纸巾来痛快地为"蝴蝶"自杀的最后一幕决堤。在她悲情而绝望地诉说时，我的心像被掐住了一样，不能呼吸。我震撼于"蝴蝶"的扮演者能有如此的感染力，完全演绎了这个有血有肉、为爱而生、为爱而死的角色。在那个耀眼的舞台上哪怕有许多金发碧眼，而她仍是最闪耀的星，美得无以复加，简直令人心碎，我很想在那个时候突然跑上去拥抱她，只是我的情绪已经低到了极点，我想我需要先去调整我的情绪。从那之后我就想一定要为这位耀眼的"蝴蝶"做个专访。

"蝴蝶"初长成

王蓓蓓从小热爱音乐，父母年轻时也都学过演唱，是民间歌唱艺术家，良好的艺术氛围让王蓓蓓走上了专业的音乐道路。她本科就读于广州星海音乐学院声乐系，毕业后曾在深圳市文化局工作。作为当时国内最年轻的女主唱，王蓓蓓参加了众多官方大型演出，曾和彭丽媛老师同台数次，2008 年被选拔到奥地利参加第 25 届国际舒伯特合唱比赛，担任领唱，获得了金奖。这次比赛后，很多人觉得她应该再到欧洲深造西式美声唱法。"当时国内深造音乐艺术的机会并不多，虽然当时已经是最年轻的台柱子，但别人看我和我看自己的感觉是不一样的，别人看到了当下我的位置、前程。但我担心的是许多年以后，关于表演艺术、声乐我没有变化。"在多方支持之下，为追随自己的音乐梦想，她前往意大利深造传统意大利歌剧，一次机会让米兰斯卡拉歌剧院的泰斗级抒情花腔女高音歌唱家玛利亚·路易萨·乔尼（米兰斯卡拉歌剧院终生艺术家）

❀ 女高音歌剧演员
王蓓蓓

❀ 王蓓蓓的新春
演唱会

❀ 《蝴蝶夫人》
剧照

听到了王蓓蓓的声音，这位当时已经 85 岁的音乐泰斗决定收她做关门弟子。其后她又师从著名歌剧歌唱家尼可莱塔·扎尼尼。

2011 年她先后荣获皇家伯明翰音乐学院、英国皇家北方音乐学院以及圣三一音乐学院奖学金，到英国继续深造，王蓓蓓首先选择了英国著名的歌剧大师海伦·菲尔德所在的学校皇家伯明翰音乐学院，跟随她修读音乐硕士。后来她又去了皇家北方音乐学院，师从芭芭拉·罗伯特姆，跟她学习、研究独唱表演。最后在圣三一音乐学院随男中音歌唱家彼得·奈普深造。

如果说意大利是王蓓蓓从骨子里爱的歌剧天堂，就是每个普通人都可以是歌剧表演者的国度，那么伦敦就是把王蓓蓓带上戏剧中心的世界舞台。在两国丰富的学习经历让她的演唱技巧日趋成熟，2012 年伦敦联合歌剧公司拟将《修女安杰丽卡》这部"最难演绎的普契尼作品"再次搬上舞台，为确保演出质量，公司面向全英海选歌剧演员。正在英国皇家北方音乐学院攻读的王蓓蓓凭借"温暖的大抒情戏剧女高音"，在强手如林的竞争中技压群芳一举夺魁，得到了《修女安杰丽卡》第一女主角，并于 2013 年 4 月成功在伦敦西区演出。海选时并不觉得自己可能入选的她，唱完就走了。后来看邮件发现自己是第一女主角都不敢相信。"伦敦可以说聚集了精英，而且是白人的世界，选上我当时确实没想到。"事后，王蓓蓓在接受《欧洲时报》记者专访时曾感慨地说："伦敦女高音非常多，竞争特别激烈……要比西方人好更多，才能得到认可。"

2014 年王蓓蓓又在伦敦作为女主角成功出演普契尼另一部经典歌剧《蝴蝶夫人》。《蝴蝶夫人》情节跌宕起伏，高潮迭起，对于演员声音的控制，情绪的调动也有着极高的要求。意大利是歌剧的发源地，意大利语中几乎所有的单词都是以元音结尾，发音更加流畅，是全世界公认最适合演唱的语言。王蓓蓓表示，在意大利的专业学习给她打下了扎实的功底，她的意大利文已十分流利，这也更有助于表演，理解意大利文一字一句的意思更能牵动表演时的一个眼神，一丝表情。

从《修女安杰丽卡》到《蝴蝶夫人》，她从一波波金发碧眼的选手中胜出，获得了多个歌剧女主角的演出机会。她极具表现力和穿透力的歌声，饱满的中低声区和辉煌的高音区，被誉为是难得一遇的普契尼式女高音。

她不仅成功扮演了深入人心的普契尼歌剧《蝴蝶夫人》中的第一女主角乔巧桑和《修女安洁丽卡》，还曾在国内外众多比赛中获奖，她是英国首届音乐玫瑰奖获得者，还曾获得罗伊·普莱森斯和马里奥·兰扎国际声乐比赛优胜奖等。BBC、BBC Radio 4、欧洲时报以及央视国际等都曾对她做过专题报导。有媒体称她是"用心唱出音乐的灵魂"、"中欧文化交流的使者"，伦敦市长曾为她颁发奖杯表彰她在中英文化交流中所做出的突出贡献。2015 年在伦敦举行的"全球华人经济峰会"上，王蓓蓓是唯一应邀出席的演唱嘉宾。2016 年，王蓓蓓不仅参加由凤凰卫视、《凤凰周刊》《凤凰生活》共同主办的美动华人颁奖盛典，获得"年度演艺飞跃奖"，还作为仅有的两位演唱嘉宾之一，与孙楠一起献唱颁奖盛典。2017 年她还获得英国大本钟奖"全球十大杰出华人青年奖"。

不忘初心

无论是曾经作为星海音乐学院作曲、声乐双修的才女、刚毕业就成为最年轻的女主唱，还是如今被外媒评价为东方普契尼歌剧女高音的她，都一直在自己的梦想中坚持。她希望自己是作为一个表演艺术家去诠释一个作品。而不仅仅只有一个漂亮的嗓音。王蓓蓓觉得人在任何时候都不能忘记自己的理想和内心的追寻，要永远把自己当学生。人生中每个阶段都会有不同想要提高的部分，在艺术造诣这块很多时候是不进则退的。加上学校的环境学术性比较强，所以王蓓蓓一直没有中断过自己的学习进修，她的生活节奏是工作一段时间再去上学，然后再工作，再上学。她希望在学校的学习能帮助她消化积累经验，探索更多新的作品，她曾说："我的原则就是把经典的演绎好，再去进行新的尝试。因为我认为经典的歌剧是经过时间考验沉淀下来的，他是一个完美的艺术产物，有它的历史价值。"从接到一个角色，读剧本，了解角色在剧本中的线路和角色表达，这个过程对于王蓓蓓来说需要几个月，"词要脱口而出，你要为它赋予色彩。我会先读故事，然后接下来读谱，一段一段、一句一句来抠。"时间太短，或者主创团队太过商业化地改造原著，都是王蓓蓓不太能接受的。她英国遇到的第一个制作团队就要她唱英文版的《蝴蝶夫人》。他们一共面试了几百个歌剧演员，最终选定了王蓓蓓。但在排练的时候她才知道他们把语言改成了英文，剧本也改的不伦不类，于是王蓓蓓最终还是拒绝了他们。

舞台下的王蓓蓓

在王蓓蓓身上我没有感到当下一些人的浮躁，她具有一种古典优雅，被艺术沉淀出的独特气质，没有去纽约发展而是选择留在伦敦继续深造，也是因为她喜欢欧洲城市沉淀的氛围。"有的人觉得欧洲太安静，有被冷落的感觉，但我还是比较习惯的，我觉得有创作的空间。现在我的琴房看出去就是一望无际的草坪。我房子的前窗有樱花树，我可以在那弹钢琴和看书，享受安静没有人打扰的时光，表演艺术其实也是需要创作的，我们是二次创作，这些歌剧作品可以说是隽永，你理解不够透彻的话也是很浪费的。"日常生活里，王蓓蓓的兴趣爱好也离不开艺术，喜欢看戏剧、小说、电影、话剧等。王蓓蓓大部分时间是安静的。她喜欢看书和旅游，因为常常需要独自思考，所以很喜欢去接近大自然和一些动物，观察小动物和大自然能让王蓓蓓远离城市的喧嚣使内心得到暂时的宁静。"我喜欢拍照，有时候看到一个美景就让我的内心有很大的震撼，会禁不住吟唱起来。"

正式见面之前我还有些担忧，王蓓蓓作为知名华人女高音会不会很难接近，见了面就发现她平易近人，一点也没有艺术家的高傲，很容易和她成为朋友。王蓓蓓的人缘很好，私下好友众多，有什么事情朋友都会帮忙，前段时间她在伦敦的住所不小心摔倒，手臂骨折，受伤期间伦敦的朋友们都去看望她，轮流照顾她。虽然她看上去很成熟，但她也有很开朗活泼的一面。"太阳出来我心情会很好，然后也喜欢跑步或者是散步，也喜欢瑜伽和各种舞蹈，虽然跳得不算很精，但自认还是比较有天分。我也有外向开朗的一面，不然在歌剧里是放不开的。"

王蓓蓓在自己的领域里，不仅台上出色，台下也一样专业。有一次我和她一起受邀，作为宴会主人的朋友参加一位女勋爵的生日宴会，当时在庄园里我们是唯二的两个华人朋友，宴会上有个英国女中音在演唱，还有很专业的钢琴伴奏，主人希望她能进行现场的演唱，但因为前一晚蓓蓓有个演出导致她休息不足，状态不是很好，所以她推辞了主人的请求，当时我还想：主人邀请我们来她的生日宴会，给她演唱一下祝个兴就好，蓓蓓是不是太过认真了？但她说"我是一个专业演员，要么我就不开口，开口就必须是专业的程度，我更希望所有人能够到剧院里面倾听我作为中国女歌剧演员最专业的表演，而不是在我状态不好可能发生走音或者断调这种情况下。"但因为是女主人的生日，王蓓蓓也不想让她失望，所以后来她去休息了两三个小时，想尽量恢复到最好的状

※ 王蓓蓓

❀ 王蓓蓓与 Emma

态中。晚上英国的那位女中音结束表演后，蓓蓓就上场了，当时蓓蓓站在宴会厅中间，周围的二、三十个人都是不认识她的，但当她一开口起调，顿时惊艳了众人，他们那种惊讶的表情我记忆犹新。演唱结束后周围的人都上前和她聊天，邀请她参加他们的宴会，王蓓蓓用她的歌声征服了现场的每一个人。

在十月份的温莎，为了这次专访，我又见到了蓓蓓，在温莎的街道上，她像明星一样，可能是和她学歌剧有关，她的身上有种古典优雅的气质，这种气质让她不同于众人，有许多外国人都来请求与她合照，这些人可能并没有看过她的表演，但她独特的气质已经吸引了他们，这就是王蓓蓓。

对话"蝴蝶夫人"

Emma: 我觉得学歌剧应该去意大利，为什么你却来到了英国？

王蓓蓓：是的，我最早去的是意大利学习，在一个偶然的机会来到英国探访朋友，那时对英国的印象非常好，伦敦是世界的戏剧中心，整个市场非常成熟，在运作和管理方面很规范。而当时意大利经济不景气因此连成为支柱产业的歌剧也备受影响。但是在歌剧方面我确实是在意大利取到的真经，他们保持了非常正统的美声唱法，这个美声唱法对我来说它是科学发声法，英国人是不擅长这方面的。我的意大利文讲得比较流利，所以我能唱很纯正的意大利语的歌剧，这也是我能在英国很快地舒展拳脚，得到英国市场的认可的重要因素之一。在他们眼里一个东方的女子显然比英国的歌剧演员唱的好多了。我很感谢当时在米兰斯卡拉歌剧院，跟最顶尖的导师和队伍学习，因为我站在歌剧世界的金字塔顶端，掌握了声乐里边最顶尖的内容。

Emma: 如果用英文唱歌剧会有什么不一样吗?

王蓓蓓: 英文比较适合唱音乐剧, 用作唱歌剧会影响唱腔, 非常不适合美声唱法, 因为它太多辅音了。而美声唱法讲究声音统一, 我们不用麦克风, 没有一点扩声设备, 全靠声音的共鸣和爆发力。意大利语的每一个词都以元音结尾, 声音传送的非常远, 哪怕再大的剧场, 你都可以在每个角落听得很清楚。所以在一个专业的剧场听意大利语歌剧是最享受的。

Emma: 那你有被要求过用英文唱歌剧吗?

王蓓蓓: 这还是取决于不同的制作团队, 我到英国这边遇到的第一个制作团队就要我唱英文版的蝴蝶夫人。他们一共面试了几百个歌剧演员, 最终选定了我。我当时特别的高兴, 但在排练的时候我才知道他们把语言改成英文, 剧本也都改的有点不伦不类!

Emma: 那你最后演了吗?

王蓓蓓: 英国的有些歌剧导演比较想要创新, 他们很想要突破自己, 就把演了很久的传统歌剧进行改版, 这其中就包括语言的种类。而我自己的原则就是把经典的演绎好, 再去进行新的尝试。因为经典的歌剧是经过时间考验沉淀下来的, 他是一个完美的艺术产物, 有它的历史价值。当然我不是批评英国这方面的审美, 有些东西我就是想保留自己的原则。英国人就会说这么好的机会你不要, 可是我觉得这不是钱的问题, 我不太希望我在英国的首次亮相是用英语去唱一出类似"四不像"的蝴蝶夫人，我最终还是拒绝了他们。

Emma: 你会唱多少种语言？

王蓓蓓：我除了唱意大利语以外，还唱俄语、捷克语，德语和法语。去年的个人音乐会我唱了六种语言，不是我要唱那么丰富，而是我有这个语言跨度的音乐作品，反而唱英语比较少，英语比较适合音乐剧但不适合于歌剧，而且好的英文歌剧作品太少了，更谈不上经典。

Emma: 那你在英国发展歌剧事业有没有遇到过无法突破的困难？

王蓓蓓：主要还是一些文化的碰撞，我基本上只唱原文，这是我的原则，可是在英国你只想唱原文太难了。英语是他们的母语，排练相对容易。可是排意大利语或其他任何语言，对于导演来说会有很大的难度，他们还需要翻译来告诉他每一句所对照的英文意思。而我非常熟悉意大利语，我能听出哪些部分导演是没有理解到位的，但我又不可能去纠正导演的意思。所以和英国导演在排练的沟通上语言是最大的难题。我坚持唱原文的主要原因是尊重原著，更重要的是作曲家写的时候是根据原文的押韵来编曲的，如果改成其他语言的时候会不伦不类，就像用英语唱京剧，你明白我的意思吧？

舞台下的蓓蓓——能给观众和身边的人带来快乐和感动才是我真实的快乐之源

Emma: 舞台下的你在生活中是怎样的?

　　王蓓蓓: 我觉得我挺多面的, 大部分时间是安静的。我喜欢看书和旅游, 我常常需要独自思考, 所以很喜欢去接近大自然和一些动物。它们能让我远离城市的喧嚣使内心得到暂时的宁静。虽然我看上去很成熟, 但我却有小孩子很天真的一面, 太阳出来我心情会很好, 然后也喜欢跑步或者是散步, 也喜欢瑜伽和各种舞蹈, 虽然跳得不算很精但自认还是比较有天分。我也有外向开朗的一面, 不然在歌剧里是放不开的。因为西方人天生比较 open 嘛, 你要太内向放不开, 舞台上是会受局限的。比如我演歌剧"蝴蝶夫人", 普契尼的歌剧经常是有些浪漫的情节, 很真实。就是说你避免不了有谈恋爱和接吻的场景, 而且在西方人指导的过程中不让你借位, 他要观众真实地感到这种情怀, 激发感情上真正的触动。

Emma: 我们知道普契尼的歌剧都是比较悲伤的, 那么你要怎么管理你的情绪呢?

　　王蓓蓓: 对, 你说的很好, 这个问题问的非常好。情绪的调整非常重要, 刚入行我会经常唱悲剧因为哭得太过而影响我的唱腔。比如说我第一次唱蝴蝶夫人的时候就哽咽了, 哽咽之后呢就有点堵住了, 这是非常影响现场演唱的。这两年我就非常成熟了, 我理解的深度也更进了一步, 虽然也是眼泪汪汪, 但是可以恰到好处地接着唱。我们在排练过程中, 好像一天就走完了一个人的一生。这是一个有趣的经过, 当然也挺痛苦的。我其实入戏蛮深的, 公演结束以后我需要两周的恢复期, 在这两周之内, 我不太想见任何人, 因为我会走神。

我还处在那个角色的情绪中，我知道我不是她，但又实在是有点同情那个角色里的我，对人生一下子就看得特别透，就算看到的不是此时此刻，也能猜想到人生的下一个阶段。我唱的大部分是悲剧的，而且悲剧非常真实。

Emma: 会把自己的人生拿去和歌剧里的你对号入座吗？

王蓓蓓：是的，有点对号入座了。我一直在避免发生这样的故事，舞台上的"蝴蝶"太傻了，我觉得我比她幸运很多，能接受很好的教育，敢于追求自己的梦想，我独立自主不依赖任何人。爱情里，我不会把一个男人作为我的所有，因为我知道我有很高的自我价值，能给观众和身边的人带来快乐和感动才是我真实的快乐之源，相对而言，爱情在我精神世界里就不再是唯一了。而舞台上的"蝴蝶"，男人是她的所有，而且家庭也已经不要她了，所以我可以理解她的这种难处。她的结局也是意料之中的，她无路可走。我经常站在她的角度想她为什么就走到了这一步，想明白了就可以真切地表达出来，这样艺术就生动了。艺术不是说声音好听舞台上漂亮就行了，它真的是一个人一生真实的写照，对，是浓缩。这也是我的角色让大家印象深刻的原因。我演的悲剧大多都是和爱情有关系，就感觉好像是宿命，我总在这些剧情里面考虑自己的人生。

Emma: 在你唱歌剧过程当中，对你影响最大的人物是哪位？

王蓓蓓：应该是玛丽亚卡拉斯，她是上个世纪的歌剧大师。我是听了她的演唱才播下学歌剧的种子，我听过很多好的歌剧演员的作品，而她是唯一一个可以打动我灵魂深处的人，让我开始想要在这条路上闯一闯，我第一次看歌剧现场被震撼到了，我看的第一部歌剧其实就是《蝴蝶夫人》。

Emma: 你看的时候有没有想过有一天你就是主演？

王蓓蓓：没敢想，三个小时把整部剧唱下来，太难了！我当时挺佩服的，然后我又哭的稀里哗啦就像你这样，虽然我自己还学声乐，但完全不敢想。后来渐渐意识到我走上歌剧这条路，完全起源于此，这就是根源。尤其到了意大利之后就离得特别近了。我的老师也是很有名的歌剧演员，我看现场，她示范给我的是一个完整的角色。老师也给我很多感动，因为教我的时候把心都掏出来，她那么近的距离，对着我就像是对着观众那么投入，所以好老师也非常重要。我当时已经掌握了一些声乐比较高的水平，但是需要的是点拨。蝴蝶夫人是一个很有挑战的作品。它音域非常宽，唱腔很难，到现在为止全世界唱的很好的也都在五个手指头之内，真的是很难，非常难驾驭，不是每个女高音都可以唱的。它要求你的戏剧性张力要非常强，你的声音的各方面的柔韧性都要达到那种强度，否则你完成不了三幕都是高强度的演唱。

Emma: 有没有遇到过不入角色的时候？

王蓓蓓：我说一个最极端的例子吧。有一次在伦敦有一个大型的剧需要面试，我在面试前一天晚上还在利兹歌剧院排另外一个剧，是完全和第二天面试不同类型的剧，我当天排到晚上十点，又一夜未眠。第二天搭早班火车需要6点到达伦敦，到了伦敦困的一塌糊涂，加上是一个大型的现场演唱面试我有些紧张，整个人的状态已经差到了极点。然后我就和指挥说我没有睡觉可能唱不了，指挥说今天没有唱对不起可能就没有机会了。英国就是这样的，这方面很严格，它需要很规范和平等。但是我想说那次的结果是很出乎意料的，我头是晕的，而且对手都很强，我也不是任何时候对自己都有信心的，尤其是没睡觉，我觉得自己可能表现不好。但没想到，因为我唱了一个悲剧的咏叹调，我把悲剧的色彩反而唱到了极致，因为我的身体到了极限，所以我把指挥唱落泪了。他听了好多好的声音，然后很难打动他。我没想到我当时的悲剧性达到极限的这种演出打动了他，所以我很快得到了那个角色。从那以后很多问题我都不怕了，没睡觉都不是问题我照样唱。

"蝴蝶"展翅

曾经有媒体提问，如何才能站在西方主流歌剧的舞台上？王蓓蓓说，耐得住寂寞才能有可能去攀登音乐的高峰。一个演员的辉煌时刻不过是台上的短暂几分钟，而背后付出的艰辛是常人难以想象的。耐得住寂寞是对演员的一大挑战，要把 18、19 世纪的故事演绎好，要下很大的功夫，揣摩人物内心，又唱又演，同时还要记长篇的外文唱词，要真真正正把自己融进角色里面，需要很多时间来独立思考，需要一遍又一遍的枯燥练习。

"演员本来就是孤独的，我们看的剧本是十八、十九世纪甚至更早，与现实的生活差得非常远。准备一出歌剧，光是做唱词准备、角色揣摩这些功课就需要几个月，甚至半年，而且这些都需要在一个人的仔细思考中进行，这天生就是孤独的。"

但这种孤独成就的是舞台上的辉煌。用王蓓蓓的话来说，歌剧的魅力是其他艺术形式无法替代的。"歌剧唱腔在没有扩声设备的情况下，声音足以灌满3000个座位空间的剧场。这是一种综合艺术之美，现场的音乐、演唱、表演、剧情、舞美都让人震撼，亦是最容易接近的古典艺术门类之一。"

王蓓蓓坦言，亚洲的歌剧演员非常少，在皇家北方音乐学院学习的那一年，就只有她一个亚洲学生。有一些角色，例如茶花女、卡门自动会对亚洲面孔进行屏蔽……她要的是浸润在传统歌剧故土的文化氛围内，但浸润并不代表着直接融入，出演也并不意味着绝对认同。一张东方面孔在西方世界，"要得到他们的尊重认可，也需要做得更好更多。"王蓓蓓说，"站在舞台上，我会忘掉自己的东方面孔，自己就好像是那个角色，用心唱出音乐的灵魂，不仅仅是漂亮的声音，而是要赋予那个声音色彩和生命，要呈现出一个完整的艺术人物，但舞台之外，我随时随地都提醒自己是一个中国人，这是一种爱国情怀。"虽然华人演员在歌剧表演舞台上会受到东方面孔的限制，但她希望通过自己不懈的努力，可以适应不同的角色，打破这种限制，成为一名国际一流的女高音歌唱家。

音乐对于王蓓蓓来说是天赋也是使命。天赋是音色，使命则是不断在音乐造诣的路上前行。八年前，王蓓蓓从中国星海音乐学院毕业，成为当时最年轻的台柱子，能和彭丽媛（彭麻麻）同台演出，多么前程似锦。但她为了追寻理想，一路不畏艰辛漂洋过海，用行动证明了自己的真心。为了最初心中的梦想，从意大利再唱到英国，成为"普契尼女神"，她极具表现力和穿透力的歌声征服了大批的西方观众，被誉为"用歌声征服西方主流文化的东方女人"，她用她最天籁的歌声征服了无数的观众！

"激情与疯狂"的艺术冒险家——奚建军

王子真的能够唤醒睡美人吗？

"她"已经沉睡在艺术殿堂里近百年了，却突遇两名狂热的中国艺术家将"她"成功唤醒，让"她"再一次现身在公众的视野里，而这一次正是中西艺术的美好联姻，他们的结合让全世界为此沸腾！

在伦敦的泰晤士河南岸，坐落着世界著名的现代艺术品殿堂——英国泰特现代美术馆。而在里面有一件1917年由美籍法裔艺术家杜尚当年参赛得奖作品"泉"——白晃晃的瓷质小便池。杜尚的"泉"是1917标志西方当代艺术起点的一件重要艺术作品。是第一个被承认作为现成品进入当代艺术美术馆，从此开辟了一个现成品进入美术馆的新纪元，整个现代西方艺术的进程因为这个被命名为"泉"的小便池而改写。而就是这件沉睡在这里近一个世纪的西方艺术大师的作品，却被两名中国人成功唤醒了。

2000年，在泰特美术馆的现场，对着在现代美术史上占有重要地位的杜尚的小便池"泉"，奚建军和蔡元解开了裤带，对着那个也许是史上最昂贵、最有名的小便池撒尿，在被人瞻仰几十年后第一次赋予了它真正的使用功能，把它从现代艺术史的多重语义的包装中解放了出来。这是历史上的一次艺术革新，他们刷新了当代行为艺术的高点，当之无愧成为中国当代艺术的先行者。

与艺术家相约

奚建军给我留下的印象很深刻，第一次见到他的时候，一身传统的英伦三件套西装外加绅士帽，是典型的英国绅士风格。而和他交谈之后会发现他性格爽朗，非常风趣幽默，聊到他的作品时马上就会打开他的话匣子，他有极好的口才，眼神始终保持一种艺术家的专注。

专访时间定在了一个午后，我和助理非常高兴地到达中国城赴约，我以为我们会像以往的专访一样，在哪个咖啡厅坐下聊聊他的故事，然而他却给了我们一个意想不到的惊喜！见面后他带着我们上了一辆英式黑色出租车，驶向了当年轰动全世界的那个作品现场——泰特现代美术馆，这让我非常期待接下来的行程。当车行驶在国会大厦外的西敏大桥上，暖暖的阳光透过玻璃窗，我有种时光穿越的错觉。每一次倾听别人的故事，就犹如在经历着另一种人生。

奚建军出生于江苏省南通市，是著名英籍华人艺术家、收藏家，毕业于中央工艺美院和伦敦大学金史密斯学院，获硕士学位，其作品形式涵盖行为、装置、雕塑、影像及绘画等；在英国泰特美术馆、柏林艺术宫、北京尤伦斯艺术中心、瑞典马尔默当代美术馆、上海证大美术馆、牛津当代美术馆和德国ZKM美术馆等20多个国家的美术馆及专业艺术机构做过个展和群展；作品被收藏于中国民生银行美术馆、澳洲悉尼白兔美术馆、英国大英博物馆和欧美等个人及专业艺术机构。

❋ 英国华人艺术协会主席　席建军

※ 伦敦泰特美术馆
杜尚作品"泉"

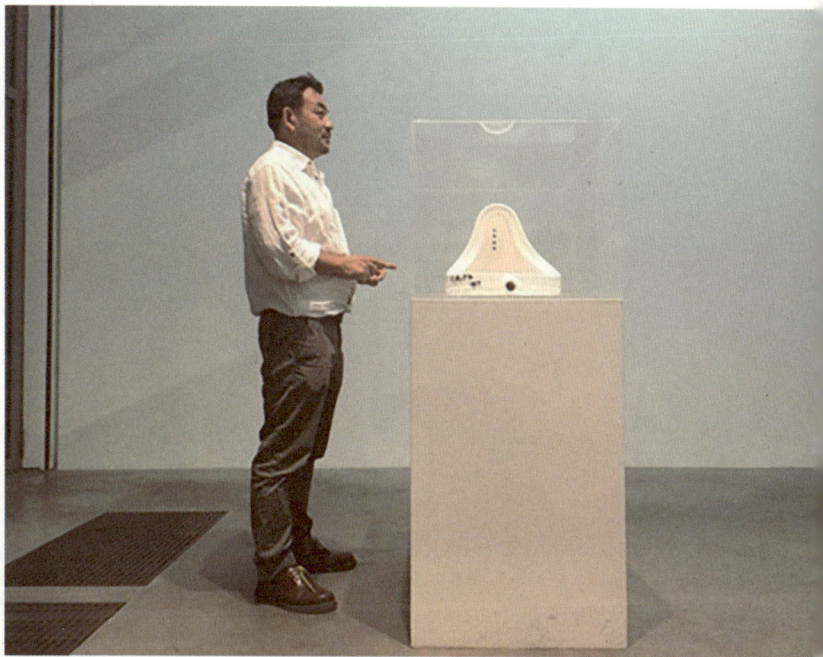

※ 奚建军的作品《通天塔》

❊ 奚建军和 Emma Zhong

从北京到伦敦

奚建军曾经说，他很幸运先后受到了东西方最优秀的艺术教育和熏陶。1982 年，奚建军考入了北京的中央工艺美术学院。当时的艺术教育是真正的精英式教育，他学习的陶瓷专业每年从全国仅招收 12 人。毫无疑问，来到北京改变了奚建军的一生，从此他的生活轨迹就转向了一个全新的未来。

1986 年奚建军作为最早一批艺术狂热分子，还在中央工艺美术学院也就是现在的清华美院学习的他与盛奇、朱青生、范迪安、侯瀚如等发起了中国最早的行为艺术小组——"观念 21"。第一次行为艺术现场表演就是在北京大学的公共食堂外面，意图打破当时学术僵化和艺术沉闷的现状，却无意间成为了中国首例行为艺术作品。他们把墨汁泼洒在身上，半裸体骑着自行车在校园里狂奔，奚建军当时还灵机一动，在北京大学食堂的大墙壁上写下了"黄河、长江、长城、珠峰"等代表中国元素的字符，开启了中国当代行为艺术的先河，这也是奚建军踏上行为艺术创作之路的首秀。当时参加组织策划的朱青生曾说："观念 21 就是我们不管三七二十一"，它展现了当时艺术家的一种很重要的素质，即：勇敢和无畏的实验精神，而奚建军正是其中之一。

1985 年 11 月，以"ROCI"名义举办的"劳生柏作品国际巡回展"亮相于中国美术馆，超过 30 万人前来看展，人们用"万人空巷"来描述那次展览的规模。虽然关于这次展览的评价褒贬不一，但这无疑是颠覆了国人一直以来信奉的传统审美标准。所以"ROCI"的项目要做的就是给 80 年代的中国艺术界打上一针兴奋剂。这场展览，以及在工体演出的英国"威猛"乐队，对奚建军的艺术观、人生观和价值观产生了非常大的冲击和震撼：原来艺术不是整天关在画室里循规蹈矩，是要和社会、当下所见所闻发生关系，这才有意义。

1987 年，他随英国妻子远赴英伦，开始了他生命中的第二段重要的旅程。进入 90 年代初，他有幸进入了培养"YBA 年轻一代英国艺术家"的英国金.史密斯学院受到高等专业艺术教育。它不同于中国的传统艺术教育方式，注重培养创造力和建立自己的艺术风格，也就是为将来做一位成功艺术家做铺垫。奚建军认为东西方美术教育是相互影响的，而西方艺术学院主要培养你的眼睛和大脑。

研究生毕业展的时候，奚建军的作品"一千一百二十镑三十六 P"引起很大反响，在展览现场上，他将自己所有存款共一千一百二十镑三十六便士全部掏出来随意洒在金.史密斯学院美术馆的地板上，英国的《每日时报》和《镜报》等报刊都纷纷前来学院现场报道该作品，标题为"偷钱也是一件艺术品"。很不幸，第一晚结束时钱就被人偷偷拿走了 40 英镑，偷窃者的举动证实了金钱作为艺术品的诱惑力，金钱也可以作为艺术表现的媒介。他在金.史密斯学院获得了艺术学硕士，从此开始了他的职业艺术家的生涯。

作为一个来自中国的艺术家，他没有从自身的传统和文化资源作为参照途径，不会因为自身最初的中国身份而在他的艺术创作中借用中国的文化符号，而是选择在欧洲寻找创作的突破口，表达自己的观点与认知。

奚建军在英国艺术学院毕业后，试图将文化的多元性加入到自己的艺术创作中。于是，奚建军和好友蔡元一起在英国组成了 Mad For Real 艺术小组，以外来者的身份介入到了 90 年代英国本土的艺术活动和事件中去。他后来的一些作品如"两位艺术家跳上崔西.艾敏的床"和"两位艺术家在杜尚的小便器里撒尿"与 YBAs 有一些对话和交集。因为文化和社会背景的差异，同时身处在西方语境下多年的文化碰撞与矛盾，使得他们既能够以一种外在和他人的身份参与到西方当代艺术和学术活动中，又能够与之拉开距离和保持客观与怀疑的态度。

回到北京——新的思考与尝试

2006 年，奚建军初次回到了北京，回到他年轻时上学的地方，回到了他 25 岁之前一直生活着的国家。在他回来时，这个地方对于奚建军来说，已经是一个熟悉的陌生之地了。比起奚建军 1987 年离开之时，它已经发生了巨大的变化，在经过了八、九十年代，尤其是九十年代的经济改革和转型之后，仿佛在一夜之间，这个国家就融入到了全球化的浪潮之中。而艺术家的思想与创作，也被这个历史潮流所裹挟着和刺激着。于是从那时开始，对于身份的焦虑以及对于艺术观念的追问被另一种思考所替代，而奚建军的视线，也日益转向了对于国家、社会、政治和经济关系的思考。

2007 年，奚建军和蔡元在北京 798 艺术区边上的一个叫环铁的地方租了一个工作室，并且开始了他在伦敦与北京两地之间飞来飞去的生涯。

他重回北京后，他的作品逐渐转入对于权力和政治以及文化关系的深入思考，作品的形式语言和媒介也趋向多样化，涉及到摄影、装置、行为、综合媒介和版画等多个领域。他作品的规模也逐渐超过了行为艺术和"为真实而疯狂"的艺术介入。

2017 年 7 月 15 日，奚建军个展"流变的记忆"在北京艺琅国际空间开幕。这次展览汇集了他近几年所集中的思考和创作。对于奚建军来说，这次展览，是以艺术语言的方式来实践世界政治景观的一种全新尝试。他的眼光已不仅仅局限于当下，或者是单纯的艺术家视野，而是跨越历史、文化、宗教、政治、经济、地域等一系列的议题，使它们呈现出一种多元世界的景观展现。

艺术与权力的挑战

奚建军的作品从来都是以一种挑衅的姿态出现的，而这种姿态面对的不仅仅是文化的体制与传统，也是政治的权威。面对这个纷扰困惑的世界，作为一个艺术家的格局与态度，就是对一种权威和体制的拷问与批判的态度，以及对于权力思想的挑战。不论是作为一种政治的权力,还是经济的权力,亦或者是知识与文化的权力,都概莫能外。

奚建军移居英国,至今已有 30 多年。"自由艺术家"并不能满足他对自己的全部追求。而参政议政,努力发声,就是对信念和认同的事物助一臂之力,去完成对社会价值和生命质量的认同。当奚建军看到那么多印裔和巴裔活跃在英国政界中,而且很少几位华人出来参政时,他感到是到了让华人参政发声的时候了。作为艺术家就是要关注当下,立足现在努力参与和投入。奚建军加入了英国保守党,在 2018 年 5 月被推荐参加伦敦伊斯林顿地区的议员竞选并得到满意的结果。奚建军积极介入政治主张和社会活动。除了旅英当代艺术家的身份,他同时也是英国爱国侨领,现任英国西敏市华人保守党理事,英国华人艺术协会主席,世界通商总会英国会长。一个艺术家,一个英籍华人,一个中国人的后代,融入西方主流社会,既从事艺术、装置、雕塑及绘画,又参与英国政治站立在议会的讲台上,这种具有双重身份的艺术家是极少有的,在这些参政的岁月和西方生活的沉淀过程中,使得他对世界的看法和角度,有了一层更深刻的洞察。

奚建军作为伦敦伊斯林顿区议员候选人,也是英国华人艺术协会主席,主张在他的选区发展多元文化,使其重新成为伦敦文化艺术的中心。他说:"作为一个艺术家,我认为自己的艺术发出的声音还远远不够,我希望能为艺术、为华人做出更多的努力和贡献。"

生活中的艺术家

奚建军的艺术作品放达任诞,激进反叛,但与他的几次见面,给我留下的感觉却不一样，奚建军在生活中特别的绅士，为人随和幽默，慷慨大方。他非常注重自己的形象，永远身着英伦三件套，温和待人，彬彬有礼、文雅大方。

奚建军对英国的房子有特殊的喜好，爱好收集房产，特别是老房子，他曾经说过艺术与房产是他的最爱。有一次他邀请我去参加他的圣诞派对，派对在他位于伦敦中心金融城高层的家中举行，从客厅向外看可以将金融城尽收眼底，是观看新年烟花的最佳视角。我和奚建军打趣说，你眼光真的太好了，我们以后开 party 都要借用你这个地方，他当时特别高兴，他说收藏就要收藏最有价值的，他对这些地标房产非常骄傲。

奚建军对生活非常讲究，在他的家里可以找到最好的酒和最好的茶，我们周围的朋友都特别喜欢他，因为和他一起参加活动，他永远知道什么东西最好吃，这可能也是他朋友众多的原因之一吧。

随着奚建军收藏的艺术品越来越多，他自己的博物馆也要成立了，这是他最骄傲的事情。

对话艺术人生

Emma：你是怎样到的英国呢？

奚建军：我毕业于中央工艺美院，很幸运在那里结识了我的妻子，当时她是从英国来中央美院学习美术史的留学生。我们在艺术领域里非常契合，所以我们相爱了，也结婚了。而英国是我从小就梦想的地方，英国在文化艺术方面一直是世界的佼佼者，出了很多演艺界的大人物。世界上最有影响力的艺术家也都在英国定居生活。这也是我们会选择回到英国生活的重要原因吧！

Emma：从进来泰特现代美术馆旋涡大厅你就一直停留在这里，难道这里也有什么故事吗？

奚建军：在 2013 年我和蔡元一起在这个大厅里发起了"艺术家马拉松"，就是和每年一度的伦敦国际马拉松同月、同时、同距离，不同的是，我们是在泰特举行的艺术家马拉松，是具有艺术范儿和艺术情怀的活动。

Emma：就在这个大厅里吗？空间也不算大啊，要怎样来测算距离呢？

奚建军：我们是按时间跑，共计 4.2 小时，就这样在这里来回反复跑。我们跟伦敦马拉松是不一样的，伦敦马拉松是富有竞赛性质的，需要评输赢。而我们的艺术家马拉松不是比赛，强调的是"不断前进，挑战耐力"。这项活动每年少则 30 人多则上百人，都是不同国家的人来参加，所以说艺术是无国界的。

"喷泉"的艺术

奚建军带领我们走到二楼展厅的最尽头，我看到了传说中杜尚大师的作品"小便器"，被一个大透明玻璃盖保护着，我看着奚建军很激动地又走近了那件作品，那种感情不像那种普通访客的冷漠，他见到她如同见到他的"灵魂伴侣"一样的亲切，满满的激动，有着无与言表的感情。我大概能够理解为什么只有他才能唤醒她了！

Emma：好吧！我现在想听听你们之间的"爱情"故事了？

奚建军:《两位艺术家在杜尚的小便器里撒尿》的灵感是来自于很出名的当代艺术家杜尚的作品"泉"。他被称之为世界当代艺术之父，1917年有一个艺术竞赛，杜尚当年出乎所有人意料，拿了一个撒尿的小便器来参赛，也就是说他否定了当时所流行的立体派、野兽派和印像派等各种架上绘画，而把一个不流俗套的"现成品"与艺术家的创作观念融合称之为艺术作品，这当然就随之轰动了艺术界，从而开启了当代艺术的"现成品"时代。这件作品的震撼来自于它颠覆了人们对艺术最初的理解和预期，让人们耳目一新，"哦，原来艺术还可以这样做。"所以杜尚是现代艺术之父。从他以后，艺术开始了一个新的时代。他本身也是一个非常有意思的人，到60多岁没车、没房、没老婆，只有他的艺术，他总是在思考如何通过对日常生活和自然体验来探索灵魂，通过材料的选用和独特的艺术思考来表达这种领悟。看到这件作品，你就能看到当代艺术所发展的轨迹和源头。因为在这件作品之前，所有的艺术形式都存在于传统绘画和人物雕塑。但是这件作品的艺术表现形式是"现成品"。当代艺术是有关一种"否定，否定艺术，否定自我，否定艺术史，因为在否定的基础之上才能再重塑新的自我"。

在2000年，我和蔡元都刚刚毕业，我毕业于伦敦大学金史密斯学院，蔡元毕业于英国皇家艺术学院。作为新的毕业生，我们处在彷徨探索阶段，我们都很迷茫，直到我们看到这件作品，眼前一亮，顿悟到我们的前途在哪里。我们开始思考，怎么能够接轨当代艺术史？最后的答案就是在这件作品上撒尿，因为撒尿才能对这件艺术品赋予一层新的意义。我们通过活的艺术行为来让原作品的小便器富有生命力，换句话说也就是把死的东西搞活！还有一点是，其他民族的人撒尿跟我们中国人撒尿所造成的影响力是不一样的；首先中国人给别人的印象是彬彬有礼循规蹈矩的，毕竟我们曾经有东亚病夫的帽子，他们印象里我们是不会有什么艺术行为能给人带来足够的冲击和震撼力的。我们不可做出跟西方一样有完全颠覆的行为。那么有中国人在这件作品里撒尿，这是一种巧妙方式的中西结合，东方人的尿撒在西方人的小便器里。还有一个意义是杜尚的"小便器"的作品题为"泉"，而尿又是身体里的水。这件作品本身的名字直接翻译过来叫"泉"，撒尿算是一种"人工喷泉"。而喷出的这个"泉"在一件当代艺术史里的这么重要的作品里，所以从各个意义层面上的结合是太巧妙了！巧妙地利用西方人眼里对东方人的刻板印象，以及东方现代艺术里缺乏这样的大背景。

这件作品创造出来的核心意义是：我们东方艺术家把西方艺术史向前又推进了一步。我们要继承，要发扬，而不是循规蹈矩地跟随和模仿。这件作品是在一种强大的精神力量支撑下诞生的。如果杜尚现在还活着知道我们的行为，我相信他是会非常高兴的，他会认为他这个作品的精神被延续了。所以这个背景故事能够让你更加理解这个作品的独特意义所在。做这件作品需要强大的思想意识去推动、发现、思考、然后去表达，是一件不容易的事。

Emma："喷泉"这件作品对中国的当代艺术有着怎样的影响呢？

吴建军：中国在上个世纪80年代才开始引进西方当代艺术理念，之前都是国画、版画和风俗画等这种极其传统的艺术形式。这件作品对于中国当代艺术发展来说，也是最重要的一件作品。它的出现影响了整个中国大陆的艺术发展，也是开山鼻祖级别的。那是在2000年，当时在中国还没有出现有影响力的艺术家。我们这件作品可以说把当代艺术推到了一定的新高度。在此之后，是再也没有类似比这更好的、更巧妙、更有影响力的作品了。

英国著名艺术史学家艾米丽·琼斯 Amile Jones 在她的书里有专门评述，并用理论上创立了新的章节称之为"介入艺术"。

艺术创作与收藏

Emma：这个熨斗底部有这么多小钉子，它想传达一种怎样的意思呢？

奚建军：这件作品要传达的理念是：我们的生活不是一帆风顺的，总不会坦荡顺利地被别人的手推动着按别人的意愿前进。这个熨斗同时也是"力量"的象征。在外形上一看这个物体就知道这是大众家庭所熟知的造型，体现了线条工艺的美。这些个"小"的植入，跟熨斗形成鲜明的对比，正能体现出熨斗的"大、重和对抗力"。

Emma：在 2000 年之前那段时间你的艺术创作包括哪些呢？

奚建军：也画画，画油画，大学时代也画现代水墨。直到见到杜尚的这件作品，我们一下子就和她有了精神上的呼应，于是我们一直在筹备，在想怎样才能在这件小便池的基础之上，做出我们自己的作品。沉睡的"泉"就像一封邀请书躺在那里向我们招手。

Emma：你现在做的那个通天塔是属于什么艺术呢？

奚建军：我在北京有个大工作室现在创作雕塑和装置，"通天塔"是我花两年多时间所做的一件装置艺术作品。我前年所创作的装置作品"帝国"灵感来源于在美国华盛顿的议会大厦里所丢失的符号和达芬奇秘码，我在雕塑里搭了一个床让观众可以选择在里面睡觉15分钟。作品刚完成就被澳大利亚很出名的白兔美术馆收藏了。他们专门从北京装了三个集装箱运去澳洲悉尼办了展览。也邀请我去参加了展览的开幕仪式。

然后是通天塔，我去年开始做的现在还在继续做。它的底部5米宽，8米高，有82个房间。创作这件作品是有历史背景的，是圣经第87章，说是人类要造一个塔，往上走，走到天上去见上帝。但是人类没有统一相通的语言，所以困难重重让这个塔没有完工就像烂尾楼一样做不下去了。语言呢，是沟通的工具，有时也传达着人类丑恶矛盾的一面，比如羡慕嫉妒恨。上帝知道了之后呢，就说你们这些人在地球上毁坏了地球，现在呢还在想方设法去往新的空间去搞破坏，所以就阻止了这个塔的完工进度。那么我现在继续打造这个人类还没完成的宗教故事，让大家去思考和感悟这个历史记载。这就是我打造这个通天塔的大概意义。

Emma：跟我们谈谈你未来的博物馆吧？

奚建军：我在英国30年了，总想把自己所做的艺术作品和收藏的东西好好保护、妥善地保管起来，让我的子孙后代能记得这些历史和藏品代表着这个时代，同时也能减免些遗产税吧。所以我在为自己打造属于自己的博物馆，收藏自己的艺术作品和收藏品。等到六、七十岁回头看，能够感到我为自己留下了一些东西。其实不光是为我自己，也是为后人留下些艺术财富。

Emma：主要收藏什么样的作品？

奚建军：主要是当代艺术作品。自己的作品和别人的一些作品。也有一些中国瓷器，主要是在雍正、乾隆、康熙年间清三代外销到英国及欧洲的瓷器，都是一些高级的艺术藏品，英国大户人家、海上船王、世袭贵族家庭和皇室御用的瓷器，据史料记载当时有四千多个家族去中国订制和进口瓷器，中国就用最好的匠人来制作，换回的银元都用来购买外国的洋枪洋炮。

Emma：你除了艺术创作以外还有什么别的兴趣爱好吗？

奚建军：我喜欢收藏老房子。我在伦敦已经收集了40多套房产。大部分都是从代理商或拍卖而来，有时候会为了喜欢的房子，很可能高出拍卖价去拿下，而我收藏的房子都不会再卖出去。收藏房屋会有一种特别的满足感，就像有人喜欢车，有人喜欢飞机。我不喜欢那些，我喜欢房子。房子是不动产，而且也可以出租，一百年，三百年，都在那里。有的房子甚至是有500年的历史了，而且越老越好。其次就是喜欢登山，我登过喜马拉雅山，在我大四的时候我自己有记录登上了海拔6000多米。我有几个中国登山队的朋友，还参加过在怀柔登山基地的集训营，我也算是极限运动的爱好者吧！

数十年如一日——践行艺术理念

奚建军曾和老师 Michael Craig-Martin 一起工作并受他影响，这位老师也是达明赫斯特在金史密斯学院时期，对其影响很大的一位老师。在艺术创作的观念和方法论上，杜尚和博伊斯是两位对奚建军产生很大影响的艺术史人物。而安迪．沃霍尔和杜尚对他雕塑与装置作品的创作产生了深刻的影响。当我们深入剖析奚建军一系列艺术活动和作品，我们就会看到一条清晰的，由达达运动一直到波普主义所串起的一条主线，而二十多年来奚建军就是沿着这条艺术的线索狂奔下去，践行着他的理念和理想。

有人曾经问奚建军，何种力量赋予他这样十年如一日地坚持行为艺术的探索和体验？奚建军答道：艺术需要思想和巨大的勇气，做到与做不到就区分了有人是艺术家，有人不是艺术家。只有思想没有勇气，做不了艺术家。很多人有思想阅读广泛，但没有把他的心，整个情态投进去，艺术家是不能想后果的，先做，做出来，必须在严肃的思想境界里把作品构思好，然后就放手去做。如果你处处考虑后果，那你的思维还在世俗常人的意义上走。他还认为，当代艺术家应创造有本土文化和有时代意义的作品，"如上个世纪初时期有杜尚这样的作品，五、六十年代有波伊斯，七、八十年代有沃霍尔这样的作品，所以我想看到这个年代最有说服力的作品，当代性和时代性是艺术家少不了思考的问题，谁是这个时代的先驱，是杰夫·昆斯？还是达明·赫斯特呢？我们还不能马上定论，主要是看谁是创造历史的主人。"

奚建军的经历从很多方面展现了当代中国经过长时间的冬眠之后进入新时代的时代路径，他的艺术实践可以视为一次视觉之旅、一本关于边界问题的备忘录，而他留下的标记为我们展现出一张新的艺术地图。

正如他人对奚建军的评价：他疯狂为真实，他真实为艺术，他是中国最早一批艺术狂热分子，游走于东西方文化之间，以激进的姿态，走上了反学院、反主流和反即成体制的艺术道路。他在行为艺术的领域里让人感受到他的"激情与疯狂"，如同他的那些充满了激情与幻想、疯狂与冷静、永恒与怪诞的作品。 虽然时间已远去，但当年的躁动仍余波未平，他依旧是被欧美艺术界权威人士称为是当下具有独创和前卫精神的艺术家，而我更愿意称他为"艺术冒险家"，在艺术的冒险上，很少顺水推舟，更多的是逆流而上！

英国侨领——单声博士

单声，这是在英国，法国，西班牙颇为响亮的一个中国人的名字。而在英国，很多人尊称他为单声博士，他定居英国 60 余年，不仅仅是因为他有着一份经营成功的地产事业，更因为他的为人慷慨，他对华人公益事业的热心，以及对祖国和平统一所作出的贡献。在海外华人中有着无人取代的威信和声望。

单声博士也是全英华人华侨中国统一促进会总会长，中国和平统一促进会理事、全英华人华侨侨团联合总会名誉会长。而他的妻子单桂秋林从 1990 年就开始从事慈善工作，她是香港台湾妇女协会创会理事，推荐推动"助人伸手协会"，与香港台湾妇女会筹款捐赠老人院，担任香港艾滋病支援香港分会秘书。直到 1996 年来到伦敦至今处于退而不休状态，现任全英华人华侨中国统一促进会常务副会长、英国中华传统文化研究院院长、英国伦敦松柏会会长等。

我经过朋友张玲玲的引荐很荣幸的有了单独访谈桂秋林女士以及单声博士的机会。我们的访谈约在了他们伦敦北部的家中。初秋的伦敦美得惊艳，五彩缤纷的落叶密密地躺在街道两旁，这是我第一次来到伦敦北部的汉普斯特德地

英国华人华侨中国和平统一
促进会会长单声博士

※ 英国中华传统文化研究院
院长单桂秋林女士

区，走在街道中间看着两边高耸的独门大宅，我能够想象这里住的人都是非富即贵的。转过街角就看到了一排红砖半圆拱顶带高耸烟囱的大别墅，我们顺着门牌号往前数，很快就找到了我们此行的目的地。我们按响了门铃，出来迎接我们的是家里的阿姨，我们随她进入到主客厅等待，阿姨安顿好我们的茶水以后便去通知主人了。

神秘的大宅

从我一走进这间房子就觉得特别的不同，虽然外形是欧式的，但室内完全是中式布局，中式的家具中式的装饰，家里的一角还放着一尊巨大的明朝时期的铜佛像，仔细一看会客厅里的窗子是开的铜钱孔，这在欧式建筑里显得格外稀奇，我还在仔细研究那些精致的木雕椅的时候，单桂秋林女士搀扶着单声博士已经出现了在了会客厅里，精致优雅的单桂秋林女士连忙招呼："小姑娘，不要站着，快坐下吧，你就把这当家一样，自在一些。"她亲切地就像是自己的姨姨一样，我也自在地称呼她为"桂姨"了。而一旁的单声博士，慈爱有加，非常健谈。我抛出了这个房子为何是欧式建筑但又融合了中国元素的问题。

单声博士说原先这个房子是买来唱京戏用的，不是用来自己住，房子里的前面就是一个小舞台，后面的房间是用来化妆和换衣服用的。"我当时住在另外一个房子里，但是很奇怪的事情发生了，我当时家里是6口人，门前有6棵树，而突然有一天门前的一棵树倒掉了。我请来了风水大师，他带上他的鲁班尺来到了我这两个房子里分别丈量。当时他很吃惊，唱京戏这个房子里的尺寸是完全符合鲁班尺的，而就像你能看到的，连窗孔都是像用金钱套起来的。虽然这个房子的设计师是个很有名的英国人，但可见他对中国的风水如此参透。

风水大师告诉我要立马搬进来，越快越好。我就卖了那个房子，把这个房子留为自己住了。事实证明我从搬进来以后一切都很顺利。我很相信中国的易经，这是中国传统思想文化中自然哲学与人文实践的理论根据。"

说到这个房子，单声博士给我们讲起了关于这个房子的故事。"这个房子和我有一段很奇妙的缘分，有一天我和我内人开车路过这里，看到这座花园洋房的造型奇特，当时的想法就是唱京剧用来聚音效果好，但我只是这么一说，也没有想过真的可以买到它。而我内人却鼓励我写信给房东，她认为喜欢的东西是要争取的。

就这样一个念头一封信，我如愿的买到了这个房子，理由是前房东和我有一样的爱好——音乐。他更愿意把他的房子卖给志同道合的人，尽管我的出价比市场价还低。他也乐意这样做。然而事情还不止于此，这栋房子里藏着更令人惊奇的秘密。"

"自从我搬进来以后，当地博物馆有一个叫波伦莫斯的人，他们一直尝试联系我三番五次的说要来看这个房子。我开始也不知道为什么要来看这个房子，这个房子没有什么奇特啊。结果他告诉我，这幢房子是当时非常有名的建筑师理诺曼·肖的作品。是他专门给英国近代非常著名的画家艾德文·龙建造的，他生活在 1890 年前后，他的画在当时就卖到了七八万英镑一幅。而建这栋房子，他花了 1700 英镑。这也是一个巧事，所以我说这是运气。我买的时候也不知道，卖给我的人也不知道，如果他知道他就不会卖给我了，他这个价钱还可以加倍不止。"

"这个房子现在我也不能卖掉了，这等于是个古董了。我现在也跟我儿子孙子讲，我说你不要卖了，这个房子就变成我们单氏家族在英国的一个基地。"单声博士脸上挂满了笑容侃侃而谈。

✻ 单声博士夫妇（左二、右一）、
中国驻英大使馆刘晓明大使夫妇
（左一，右二）

✻ 单声博士夫妇（左三、左四）、
英国议会上院副议长贝茨夫妇
（右二，右三）

❋《单声》电影纪录片首映式

❋ 单桂秋林女士、华裔奥斯卡金像奖
终身评委、三次金马奖影后 卢燕

而在几年前单声博士的前妻因病去世，也葬在了这个院子里，而也是在这个院子里单声博士和现任妻子单桂秋林女士开始了新的生活。

一张船票的命运

祖籍江苏泰州的单声，1929 年出生在上海。父亲单毓华早年曾留学于日本政法大学，是"上海十大名律师"之一。父亲酷爱读书，喜欢京戏，而父亲也是对其人生影响最大的人物。

当我们聊到他是怎样出国的，他非常感慨地说："我的出国之路很不容易。1949 年中国解放，我是 1951 年出的国。我在中国读的是南洋模范中学，那是一所人才辈出很有名的工科学校，就我那个班级就出了五个院士。我由于高中毕业前一年去南京玩而因摔断腿错失了高考清华北大的机会。后来我父亲希望我去读法律，他想让我以后帮他在写字楼里一起做事成为一名律师。于是我又就读了上海震旦大学（上海复旦大学的前身）。本以为一切都在人生的计划当中，却不料计划永远赶不上变化快，4 年的刻苦光阴却换来了一张废弃的文凭，国民党时期所念的法律在 1949 年解放后全部废除。我想我的志愿就是学习法律报效祖国，而今既然不能服务祖国也许我可以学习外交。当时的震旦大学与法国巴黎大学是直通的，我当时的成绩很优异，显然我是有这样申请留学的资格的。当我向学校提出这样的留学申请时才知道出国是需要护照的，我必须要申请护照才能办签证。而另一个坏消息从学校的申请处传来了，留学是需要特殊考试的，只能达到要求才能公费留学，再者即便考过了，但申请的名额已经满了，也只能私费去留学了。当我追问考试时间，他们却模棱两可的说现在是特殊时期，谁也说不准。"

当时单声博士失望至极了，他能感觉到他的人生里一直有一种莫名的阻力在阻碍他前行，可以说是坏运也可以说是坏命，但他不会向命运低头，出国是他的夙愿，他在尝试一切方法，直到 1951 年，他想办法去了香港，他终于买到了一张从香港前往巴黎的船票。离船期还有几天，他在香港四处闲逛，而不经意间却路过了一排有石梯的房子，里面挂着"看相，算命"的招牌。他好奇的走了进去说"我要算命。"算命先生说："贵的看一生命数，便宜的看当前运程。"单声博士看了看自己的钱袋子还是选择了"便宜"的那种。很快先生开口了："我说，你的命在西方，不在东方。"单声博士把手放进口袋里又攥了攥那张通往西方的船票，更坚定了方向。

单声博士又接着说："那时候去巴黎的飞机票需要 1300 美金，那是我的所有身家，我不想去欧洲做乞丐，当然我能找到更经济节省的方法去到巴黎，那就是坐船，而且还是货舱。里面环境特别的差，各种人都有。相比起那种粗略的环境我这 100 美金的船票还是值了。但却苦了来接我的人，从头等舱，一等，二等，三等，一直找下去都没找到我。当时邀请我去法国念书的亲戚叫萧子升，他是毛主席的同学也是一位很有地位的人，被他派来接我的人潜意识里想我肯定在这几个舱位里。当时他找不到我，还特别着急！还是因为他的朋友托他取货时他才在四等舱里偶然碰到我。当时他惊呆了，不明白我为什么会选择这个舱位！我当时就告诉他，我坐四等舱出国，但我会坐头等舱回国！这不强过我出来头等舱，回去却是四等舱吗？当时他听了直赞我"有志气、有志气、有志气"。很奇妙的是他这三句有志气，让我们结下了很深的姻缘。他的儿子就成了我现在的女婿。"

当单声博士到达巴黎大学后，重重困难正等待着他，刚从万里以外飘洋而来却被告知入学前必须要通过大学口试，严格的口试及格后才能获得考博士资

❋ 左起：中国驻英大使馆文化处参赞项晓炜，单桂秋林女士，浙江小百花越剧团团长、越剧表演艺术家茅威涛，刘晓明大使，郭小南导演，小百花青年越剧演员

❋ 单桂秋林女士正在接受本书作者 Emma Zhong 的访谈

※ 单声博士与本书作者 Emma Zhong

※ 单声博士夫妇

格。而留学在法国的几位学长告诉他考试如同地狱闯关，一共五道关，每道关都有一位教授坐镇，学长们花了多年都未通过，而他怎么可能用 6 个月来通过。就算是不可能完成的任务也必须完成。否则拿不到奖学金，弹尽粮绝，就只能打道回府了。也许真的是高强度下才能承受高压的辛苦，睡觉已经是过于奢侈的事情，单声博士找来了花 6 年时间都看不完的书籍，天天藏身图书馆去强制性地消化它们。而在这种巨大的精神压力之下，他学会了"冷静，活学，活用"他要开始反向思维的分析考试题，作为一个从中国过来的学生，老师会好奇什么样的答案呢？

参加考试那年已经是 1952 年了，那个时候台湾是在联合国的，当时拥有 10 亿多中国人的中华人民共和国却是被排除在外的。单声博士是念国际法的，他在缩小问题的范围，这是他觉得可以突破的口子，就从这里着手来研究联合国的宪章和联合国的组织，联合国所有会员国进去要根据怎样的法律程序、投票率等。他就一直集中研究这些，等他做足这方面的准备，备考时间也就到了。

考场的一切都历历在目，纵然过去 60 多年了，而那一天却始终在单声博士的记忆里打下了深刻的烙印。"到今天我都记得，那天的天气特别的冷，我的双手都在颤抖。我的两位老同学非常担心我，他们带来了酒给我壮胆，我毫无知觉的喝下了两杯，绷紧的神经好像才松动了一点。"

等待是一种煎熬，随着前面两名考生的失败，他最后一点精神力量也被压垮了，他不敢抱有幻想，就像命运一样，终于还是轮到他了，一个问题接着一个问题，勉强的过了两题，很快就到了联合国的代表权问题，对当时的他而言就像在黑暗里看到的黎明曙光，这是上苍为他准备的机会，单声博士娓娓道来联合国宪章的有关会员国的入会具体条例，一条不落的都给背了出来，在场的老师对他满意极了。1954 年 10 月，单声博士就拿到了法国巴黎大学国际法博士的文凭，仅仅只用了两年零三个月时间。他成了在最短的时间内拿到博士学位的中国留学生。

声名显赫的传奇华裔地产商

在法国取得法学博士学位的他，本来可以像他父亲一样成为一名律师，扬名四方。但他却偏偏执着于外交，他打听到西班牙外交大学是专门培养西班牙外交官的，这又点燃了他对外交学习的兴趣，恰遇当时是 1964 年，国民党和西班牙还有外交关系，所以中华人民共和国不能保送学生，只有台湾有资格保送。当时单声博士就去拜访了台湾代表处代表沈昌焕，他做过台湾外交部部长，当这位部长得知单声博士的来由时就笑着问他："你有了法国博士的学位，你还要西班牙学校文凭干嘛？"单声博士回答"多一张文凭有什么不好？"停顿了片刻之后，部长就先用英文与单声博士对话，紧接着部长又用法文与他对话，同样交流都很熟练；然后单声博士又主动用西班牙文与部长对话，他当时就震惊了，就这样单声博士也顺利的拿到了保送书去到了西班牙外交大学就读，最后还取得了"院士"头衔。

后来他在前西德和马德里经营进出口公司，事业也小有成就。因为公司在西班牙南部也有业务，他就经常的去到那边出差，每次去到那边叫"罗塔"的小城总喜欢请朋友去喝上一杯，而习惯性的"小费"一出手就是 25 西币。当时西班牙南方沿海地区的地皮很便宜，其南方滨海地区正处于旅游观光房地产事业的萌芽时期，每一平米只需 5 西币。也就相当于每次的"小费"就丢掉了 5 平米的地皮。单声博士几乎跑遍了整个西班牙南部，他认为这是前所未有的商机，果断性的进行了大量的投资。而随着时代变迁，当地旅游观光业蓬勃发展，地价也一路攀升。有着阳光海岸之称的小镇"罗塔"已成为西班牙著名的旅游目的地。单声博士买下地皮的在几年后果然暴涨了 1000 至 5000 倍，这使他成为当地传奇的华裔地产商。随着资金的体量增大，他的名气也越来越大，1967 年他把事业带到了英国，也定居了英国。

"我拿到的证书这么多，其实在生活上没有起到什么作用，后来我就去投资，投资房地产等才在商业中获得成功。我父亲非常反对我做生意，他认为仕农工商，商是四等国民。但是没有办法，完全是生活所迫，我还是选择了从商。说这个是想告诉大家，念书很重要，但不是最重要的，最重要的是什么呢？'运气！'还有就是'命''风水''积德'，积德就是帮忙，第五才是读书。读书还是不可缺少的。所谓一命、二运、三风水、四积德、五读书，是也！"

促进两岸统一立法

在其聊天的过程中，能深深体会到单声博士的爱国热情，我被这种发自内心的爱国真情所深深感染，作为海外儿女的我们对祖国又是怎样的一种情怀，有一种爱国精神不是用言语能来表达的，而是看着国旗会骄傲，听着国歌会流泪！

虽然在国外生活了 60 多年，但单声博士却有着不变的中国情怀。他深受父亲影响有着强烈的社会责任感，他热心华人华侨的各项活动，长期担任全英华人中国统一促进会会长，他悉心研究出通过加强立法，处理两岸问题的思路。2004 年 5 月 9 日，在英国访问的温家宝总理与当地华侨华人和旅英人士座谈时，单声博士就曾向温总理建议国家制定"统一法"。

单声博士提出："我们想一个方法来解决台湾问题，应该要扩展法权。因为台湾既然是中国领土不可分割的一部分，在世界各国承认中国的时候，除了承认中华人民共和国是中国唯一的合法代表之外，他后面有一句是台湾是中国领土不可分割的一部分。中国定的对台的法规，或者对台法，或者就叫统一法吧，台湾就要遵守，要尊重，而且要绝对的尊重。所以在这样一个法理的原则之下，就要尽早订立统一法。"这个建议当场得到了温总理的肯定。

2005 年 3 月 14 日，中国全国人民代表大会高票通过《反分裂国家法》。这其中单声博士功不可没，当年报效祖国的愿望得以实现。而能看到两岸统一则是单声博士最大的一个心愿，这是他这些年来忙忙碌碌奔波而为的目的。

单桂秋林

我们跟随着桂姨来到她的书房，书桌上堆积如山的书籍和文案便是她每日的工作日程之一。而在书房的另一角摆满了各种荣誉证书以及各种奖章。

"英国华人资料及咨询中心 2017 年度女性志愿者奖"。

"桂秋林女士，您热心支持中国华侨历史博物馆的建设，协助英国伦敦松柏会会员金正琥先生完成他的遗言捐赠烟画 5188 张，及英籍印度学者维迪亚阿南德著作 2 本，由中国华侨历史博物馆珍藏。特颁荣誉证书。"

她是一个非常睿智且健谈的一个人，当我问起关于成立松柏会的原因时，她这样说道"松柏会是我与单博士结识之后，他邀请我参加由他和几位创会元老为第一代在英国留学，工作，退休后建立的聚餐平台，一开始也只是吃吃饭而已，而作为松柏会成员里最年轻的我，总是想为这个平台做点什么、于是我建议聚餐的时候，我们就开始进行一些文化交流的活动，每个人轮流分享自己的专业成就或人生阅历故事。而我们即是在听故事也像是在上课。在这样退休的年龄中秉承着"活到老，学到老"的人生态度让我们早已忘记自己的年龄。我们经常在传统的节日穿着传统服装吟诗，也在美丽的盛夏，我和年轻的义工们组织一日游，到英国的田园乡村。我们一直弘扬的是中国的传统文化，但同时我们也会介绍英国乡下村庄田园的传统生活。而英国的乡村明显不同于中国的乡村，在英国的乡村的庄园里住的都是达官贵人而并非普通人，彼此邀请参加很多社交活动和参与当地教堂的慈善筹款义卖等等活动、骑马打猎、喝酒抽雪茄享受上层社会的优越生活。"

"而住在小小茅屋里的乡下农夫也过得自得其乐、经常到附近的 酒吧与朋友喝杯生啤酒 ，聊天打飞镖，用箭头丢到墙上挂着的圆形木制箭盘，一种比分数玩的游戏。这里有着缤纷的田园，诗一般的浪漫、英国的乡村是整个英国的灵魂。我们通过这样的活动让我们海外华人第一代，第二代，第三代更能真正了解英国的历史，让她们能真正融入主流文化。就这样我们渐渐的形成了一个海外大家庭。"这是成立松柏会的意义所在，用桂姨的话说就是聚集"老中青三代"的一个平台。

桂姨一边给我们展示着照片一边又接着说"我是在中国台湾长大的，父母教导我们要敬老、要孝顺是非常重要的。我们这一代是孝顺父母的最后一代了，因为我们的下一代都在海外接受西方教育，西方教育与中国教育有不同的思维想法，就形成了中西文化的差异。我对我的亲人，朋友和社会在推崇传统文化这一方面我确信我已经尽力了。而我的三个女儿她们受的是西方教育，那是她们的主流文化，所以我们还是要顺应着西方人她们的思维、礼节，尊重她们的文化和法律。但我时刻也不忘弘扬我们自己的传统文化。我的三个女儿在香港的时候我就有请家教来为她们上中文课。而今天，我已经有 5 个可爱的外孙辈，她们也正在学习中文。可是孩子很小，英语作为她们的母语，她们很难理解为什么要学习中文。就像单老的孩子小时候在家看足球比赛，当英国队赢了，孩子特别高兴的鼓掌叫好。而单老却很生气的说"英国队赢了，你鼓什么掌，你要记住你是中国人"。孩子却很委屈，作为出生在这里的BBC，他们自然当这里是自己的国家了，而他们的面容却永远落下了中国人的根，这是无法改变的。而我的世界观是"天下无国界"，大家都自由通婚、融入一个地球村的大家庭、在随缘和包容中来理解彼此的文化。"

"我是很热爱生活也喜欢和朋友交往，更爱热闹的场面。而单老和我的个性极其相似，他很健谈，是个很会讲故事的人。他和我妈妈是同一个年代的，但我们却丝毫没有代沟，我从小受我妈妈的影响，欣赏的人物和戏曲都是我妈妈那个年代的。晚上睡前我能同单老一起唱1930年代夜上海周旋的老歌，听京戏、越剧、鉴赏文物书画等等，我们都有很多相同的嗜好、所以相处的很融洽。而单老的孩子和我的年龄接近，他们是受西方教育的，我受的是中国的传统教育，但我在香港和英国生活过，也有很多国际朋友，事实上我们是没有文化差异的、而我们平常在家里都是讲上海话和普通话的。"

她虽然她身处英国，却就像在中国生活一样。而她的价值观是不喜欢浪费，不追求名牌，她更喜欢享受人生，美化人生，追求更高的精神境界。她说"我小时候就喜欢看戏，人生就如其一台戏，我在努力的扮演好每一个角色，我不需要美艳动人，我只想真实的诠释妈妈，太太，服务大众的不同角色，只要心态好，人生处处都有精彩的戏！"

单声博士夫妇不仅是慈善家，爱国主义者，还是幸福和和谐家庭的标榜，越是成功的人越是低调，采访结束后桂姨送我们至门口，重复最多的一句话就是"这里是我们的家，也是你们海外华人的家，你们要常回家。"

附录：

★ 当 2004 年温家宝总理访英时，单老向其建言"海峡统一必须立法"，而就在 2005 年《反分裂国家法》正式出台。

★ 截止 2009 年已经在国内建立了 17 所希望小学

★ 2008 年成立泰州市单声教育奖学基金会，先后已经有 180 多名品学兼优且家境贫困的学生获得奖学金。

★ 2011 年泰州单声珍藏文物馆成立。单声博士将 322 件毕生收藏的文物捐赠给家乡泰州。年代跨度为西周至现代，其中陶瓷器 180 件，玉器 20 件，杂项 58 件，字画 64 件。这些藏品工艺精湛，大部分为名家上乘之作，有些为皇宫里的御用珍品。

★ 2011 年同年，单声博士的妻子单桂秋林女士，鼎力支持单声并将自己多年前在香港收藏的宝物"海南黄花梨嵌玉立地折叠六扇屏风"一起捐赠，当年这扇宝屏市值 1.6 亿元人民币。

英国保守党意大利集团主席
克里斯蒂安（Christian Vinante）

他是威斯敏斯特意大利保守派集团的创始人和主席。外交和联邦委员会的社交媒体活动主任。他为 2018 年意大利选举支持在英国的意大利候选人。同年，他在地方选举中担任伦敦布伦特福德沃德的保守派代表候选人。2018 年，他被任命为英国 / 中国青年联合会欧盟 / 英国大本钟奖的副主任。而他就是英国保守党意大利集团主席 Christian Vinante（我称呼他为克里斯）。

当我走进 Carlton Club 的时候，二楼大厅里正在举办英国保守党外交联邦委员会活动，英国保守党意大利主席克里斯正忙碌地亲自接待每一位来访的政要、大使以及参赞，会议开始后，与我同桌的意大利驻英国商业协会主席对我说："我们是朋友。"我还没反应过来，他又笑着补充："我们和中国是朋友。"他的笑容很令我动容，亲和友好，言谈风趣。会议结束后，克里斯引荐我认识了英国国际发展部的部长，还有意大利驻英大使馆的政治参赞，而我认识克里斯也就仅仅发生在半年以前。

我们是"赞友"

我是通过 Facebook（脸书）认识了克里斯，他在各种政治的社交活动中很活跃，偶尔我会浏览他所发的图片和视频，很偶然我看到了他唱歌的一段视频，我很喜欢他的声音，只是有些惊讶，因为我脑海里搞政治的人都是严肃拘谨的，而就像专业歌手一样唱歌的政治家确实不多见。在浏览完每一次的视频或图片，我都会点赞支持，这大概也算他的"赞友"吧！直到一次在英国国会举行的英国保守党外交派对，我也在被邀请之列。在那次派对上算是第一次和他相见，他看起来非常善于社交，和我想象当中的政治家还是不太一样，因为他的亲和力实在太好了，和他说话不会有太大的压力感，恰巧我也对关于英国脱欧的议题感兴趣，而所有的政治立场都会对我们生活在这里的人有着直观的影响。正是由于这一次见面的交谈，我们熟悉了起来。后来，我也参加了他邀请的其他活动，通过这些活动我能感受到他的人缘极好，我非常好奇出生于意大利的他是怎样在英国经营政治的。

意大利的 DJ 生涯

克里斯出生于意大利北 hris 部小镇特伦托。在 15 岁时，克里斯已经在当地俱乐部和私人派对中因为成功地扮演 DJ 而小有名气。从电子音乐开始，摸索着实验与进步，他探索所有类型的音乐，并且很快感受到音乐在对他进行呼唤。他离开了对旅游业的研究，转而追随对夜生活的热情。

多年来，克里斯由于出色的才华变得非常受欢迎，与他的朋友 ABI

Dander DJ 和当今许多最受欢迎的 DJ 一起玩，如 Stefano Noferini，Marco Bellini，Leo Girardi 和 Joy Kiticonti。他曾在意大利北部一些最知名的俱乐部作为 DJ 演出，包括维罗纳的 ALTER EGO CLUB，MOVIDA / MUSIKO 以及 Jesolo 的 HILERS － 克里斯与各种娱乐圈建立了许多新的联系，以至于他能更知名地活跃在 DJ 的行业里。

他一直将音乐视为生命，但服役的一年间不得不放弃了音乐，服役期过后被一个经纪公司发掘，帮助他回到音乐领域继续发展。意大利人对 Frank Sinatra 的热情变得明显，因为狂热的派对观众开始倾听更轻松的休息式音乐，如 Francesco De Gregori，Ray Charles 和 Frank Sinatra。他购买一本关于 frank sinatra 生活的书，（Frank Sinatra 是美国 20 世纪最受欢迎和最有影响力的美国歌手，演员和制片人。）克里斯却被这本书深深地影响了。他开始阅读有关他的文章，并对这个男人和他的故事印象深刻。这本书的最后几页非常悲伤，概述了 Sinatra 在医院的日子。在阅读这本书的最后一页（当天 Sinatra 还活着）的时候，克里斯情绪非常低落，当晚睡得不踏实也很莫名的伤心。第二天早上，当他醒来时，看到每一个电视频道播放 Sinatra 的电影和歌曲以及宣布 Sinatra 死亡的消息。

初遇伦敦

因为苦涩的初恋，爱而不能，求而不得。他决定离开意大利这个伤心地去一个完全陌生的国家开始新的生活。抛开意大利的所有过往，也许他还能找回原来那个潇洒而坚持音乐的他，而远离家人，背井离乡并不是每一个家人都能开心接受并且支持的，但为了成全他的梦想，家人因为最终拗不过他的坚持还

❋ Emma 与 Chris

※ 作为歌手的 Chris

※ Chris 与 英国首相特蕾莎·梅 （Theresa May）

是对他放手了。其实他在意大利已经小有名气，DJ 事业发展的顺风顺水，放弃已经积累起来的名誉和成就并不是一件简单的事，他还年轻，纵然有很多因素促使他离开意大利，但是爱情确实是主要原因之一。刚来伦敦的时候他不会说英语，本打算只是来旅游的他却因为美国的 9 1 1 恐怖袭击事件而把他永远地留在英国了。初来伦敦的第一年他根本无法忘怀那个女孩，那种爱是让他深入骨髓的痛，他想尽一切办法让自己看起来一切都好，但对于爱情他不敢触碰，那种痛永远刻在了心底，随着时间的推移，他以为他已经忘记了她，毕竟都说时间是最好的止痛药。直到一次他在聚会上碰到了一个家乡人，对方说自己在意大利有个很要好的朋友，而那个口中的朋友就是他心里伤疤下的那个爱人，而他心里的伤口有被再次撕裂的感觉，他用烈酒来麻醉自己伤痕累累的心，而他最想做的就是让痛苦随着酒醉的麻痹一起消失，这场爱情太痛苦了！

他一直想做简单的事，过简单的生活，开始一种新的生活，而来到伦敦的第一年他在厨房里做帮厨，由于他出色的烤披萨技术让他迅速成为汉普斯特德广场 Fratelli la Bufala 的一位非常好的披萨厨师，赢得了众多杂志颁发的伦敦最佳披萨店奖。与此同时，克里斯还是在私人派对和俱乐部工作的 DJ，包括 The Telegraph Brixton 和 Shoredietch 的 DITCH，所以克里斯也回到了他非常喜爱的夜生活场景。当客户听到克里斯在披萨制作过程中唱着 Sinatra 的歌曲时，他们认为他可以成为一名全职歌手。

他很快遇到了 Dominico Cumbo 并开始兼职作为他公司的食品和葡萄酒进口商。他生意做的很成功也就顺利成为了餐厅的咨询顾问，告诉餐厅每周买什么样的食材，什么样的东西品质更好。但很快他又萌生了在业余时间唱歌的想法。

看到他现在终日西装革履，我很难想象克里斯年轻时在夜店做 DJ 是什么样的，他自己形容很喜欢和不同的人打交道，但是又不能完全融入夜店的环境，更不喜欢毒品和大麻，所以只是兼职 DJ，从不作为事业来发展，如果自己选择唱歌，就不必去夜店工作了，其实在此之前就有很多人称赞他声音好听，有时候他会边烹饪边哼上几句，其他人都起哄让他多唱，他觉得好吧看来我还不赖，也许能做职业歌手。他当时只是想有能力靠唱歌赚钱，能靠这个立足，做得快乐一点，但是如果去酒店或者餐厅演唱并且拿到可观的薪水，还是要学英文歌的，那时候他的英语还是不怎么好，很难把英文歌唱得地道，同一首歌往往要练习上百遍。六、七个月之后，他人生第一次去餐厅做了公开演出，他想想自己站在台上一展歌喉，结束后掌声雷动，说不准还会有几个声名鹊起的职业歌手在台下看，他们借此成为好朋友……然而那场演出简直是灾难。

他在两百人面前，唱到一半音乐突然中断，唱到 Fly me to the moon，音乐卡了壳，于是只好让音乐重新开始，唱到 Fly me to the moon 的时候，音乐居然又停了，台上台下都是一片寂静，尴尬气氛都能凝固成一坨冰，他攥了攥手里的麦克风，说，F*ck，然后扔掉麦克风穿过人群离开了那地方，第二天晚上他去找自己的声乐老师，发现那天晚上老师也在场，他看着克里斯说，你怎么还在这，你昨晚已经不能再糟糕了，根本不忍直视。

意外踏入政治旅程

虽然这个经历让他介怀了很久，但于他而言其实这是个更好的开始，他一边唱歌，一边继续做咨询顾问，还建立了自己的网站，2001 年他所在的餐厅卖的是伦敦最好的披萨，但是烹饪并不是他的理想，于是他又尝试转行做销售，还有烹饪老师，他的歌唱事业也越来越好，一些顾客邀请他去私人派对上做演唱，一开始只是免费去帮朋友的忙，后来就成了正经工作，有段时间他每晚都在唱歌，还去了 Green Room Club 的私人活动，那是伦敦最有名的私人俱乐部之一，狄更斯曾经去过。

后来他成了俱乐部的艺术顾问和固定演员，有一个活动，艾玛汤普森也去了，还邀请了许多制片人、歌手等等。当时艾玛汤普森想领养一个非洲孩子，于是克里斯介绍了自己认识的朋友帮助她，没想到这个举手之劳成了他人生中第一个政治成就，两个看似完全不搭边的领域就这么开始慢慢接轨了。

当时他已经是一个非常成功的歌手了，到了而立之年，有人邀请他去最顶尖的夜店做全职 DJ，但做 DJ 并不是他心之所向，而日夜颠倒的生活会榨干一个人的精力，那么白天的宝贵时间显然就无法被好好利用，而接触到的人群也会十分局限，他思考了很久，最终决定拒绝，这是一个很重要的决定，完全改变了他的后半生。

当然那时候克里斯并不知道接下来的人生会面临多大的转变，他只是更加专注于唱歌和政治，一门心思投入各种活动中去，也不觉得两者交叉是什么天方夜谭，事实上他觉得这根本不难，他从朋友那了解了很多关于这个国家多样性的问题，作为一个外国人，在这里从政是很难的，但是并非完全不可能，在英国的意大利人很多，2013 年他开始做竞选志愿者，2014 年就成了竞选人之一，竞选挨家挨户宣传的时候他见到了第一个议会人员，在此之前他社交圈中很少有人谈论政治，在这之后他开始认识能够一起探讨政治问题的朋友，尤其是英国政客，他对政治领域越来越感兴趣。

成立保守党意大利集团

在 2012 年加入保守党后，克里斯于 2014 年成为 West End Ward 委员会成员，并负责在 2015 年成立意大利集团。

作为意大利保守派的心脏和灵魂，克里斯从头开始建立了这个团体，构思了该团体的所有活动，并成为该党最活跃的成员之一。

他建立这个非营利组织致力于保护、促进和庆祝意大利及其人民的丰富文化和遗产。他的目标是通过当地的意大利企业、文化组织和社区活动来宣传意大利文化。

他努力为各个教会做一些志愿工作，他注意到一些无家可归者不在各个避难所睡觉的原因之一是因为他们有酒精和毒品相关的问题，这些问题往往是由于创伤过去有关的心理健康问题引起的。他提出应该有更多的服务和地点，这些不幸的人可以寻求帮助。这是他积极在为本地社区服务的一些内容，他还参与了 Gunnersbury 公园运动，眼看公园变成了一个建筑工地，由于商业运营所带来的噪音治安等问题严重地破坏了本地居民的安静生活。还有布伦特福德大街的重建工作。他认为当地企业和居民必须获得在未来重建区域开展业务的权利。

因为长期活跃在保守党组织的活动上，他还有幸见到了首相特蕾莎．梅，三、五年前他还不是她的支持者，见面只是寒暄，后来英国脱欧，对欧盟的人来说不太友好，那阵子他们在决定新总理的人选，一个朋友对克里斯说："我们得支持一个有力的人。"一番讨论后，他们发现最好的人选大概就是特蕾莎．梅，从此他就改变了自己的看法，从心里开始真正的支持力挺她。竞选前他去议会大厦的时候碰到特蕾莎．梅，她正要去竞选，他还祝她好运。

目前他作为英国保守党意大利主席，专注于各种文化交流以及引荐工作，虽然将大部分精力都集中在政府工作上，组织了很多有意义的活动，在不同人之间搭建沟通的桥梁，他仍然不觉得这样的事业和之前的"文艺事业"之间有一个很大的跨度，对于多重身份也始终能够很快适应，并且游刃有余地进行切换，很多人觉得从政和唱歌之间毫无联系，其实并非如此，不论是做歌手还是政治引荐人，核心都是站在公众面前表达自己，想办法一直吸引别人的注意，让别人认真听自己说话，传达自己的想法给其他人，完成高效交流。作为一个歌手，他需要好歌喉，完全融入音乐和歌词中，才能让人为之动容；作为一个政客，他需要好口才，自己首先相信自己的想法和提议能够造福更多人，值得投入时间和精力，这样才能感染更多人，为同一个目标努力奋斗。

冥想的力量

"我从不依赖金钱，通过研究灵性和宗教，我与商业和金钱之间的距离变得越来越大。"克里斯说。除开正常的工作以外，克里斯常常做冥想训练，他喜欢独自去到一个空旷的空间，远离城市的喧嚣，在寂静的小镇里去冥想。他说这样有助于他的身心健康，也是一种对欲望的放下。

他喜欢宗教文化，他认为无论是哪一种宗教，都有相通的文化。他给我讲过这样一个亲身经历的故事——许多年以前，他同一个朋友一起前往法国东南部的 Mary Magdalena Temple，当克里斯和他的朋友进入那个大洞穴的时候，看到那里有一个很大的祭台，每一个前来的信徒，都会把随身贵重的东西取下一件作为祭物而留在祭台上，祭台上摆满了戒指，项链，宝石这样的随身小物品。而克里斯的这位朋友非常眼馋祭台上的各类奇珍异石，眼见四处无人，便顺走了祭台上的两颗宝石。一旁的克里斯几乎惊叫了起来"停止！立即停止！你需要立即放回这些东西！"他的朋友并没有理睬他，而是快步地离开了洞穴，而就在必经之路的通道口，突然四处布满了小黑虫，将他们团团围住，克里斯看着如电影恐怖大片里面才有的小黑虫场景预感不妙，他责令他的朋友立刻返回祭台放回那两颗宝石并且虔诚忏悔，再度返回到这条必经之路时，却不见一只小黑虫。这是贪念的惩罚，克里斯事后这样想。连从不迷信的朋友也因为那件事情而改变了，每个人的内心都住着一尊自己的神灵，当你的言行失控时，头顶的神灵必会给你相应的惩罚。只有你是善意的，乐于助人的，神灵才会守护你。

克里斯说，瑜伽和冥想是远离坏思想和坏能量的方式，他喜欢通过冥想来净化思想，让身体充满正能量，整个人才是积极向上的。而他也从不会为财富去祈祷，他更多的是祈祷帮助别人，这样福报反而自然而然地降临了，就像他曾经也遇到过财务危机，他没有想过会得到别人的帮助，可别人的好心帮助就找上门来了，这就是冥想的神奇力量。

未来克里斯想花更多时间唱歌，也给更有意义的活动做策划，和更多不同领域的人建立合作，并不仅仅是政治上，而是多方位的，促进不同群体以及文化之间的交流，我觉得不论是政治还是艺术，交流都是关键，学习和融合是必然趋势。随着中英交流关系的发展，他想更多地参与到和中国文化有关的活动中来，他用更宽的眼界来看待中国，而他的中国之行也在不远的将来成为现实！

世外桃源里的英国商人
皮特．阿德灵顿（Peter Adlington）

第一次见到 Peter 是在他弟弟 William Adlington 的圣诞派对上，我经常听他弟弟谈起他，说他为人谦和，是个工作狂，所以脑海里浮现的是个古板的英国商人的形象。但随后和 Peter 在英国皇家赛马会上的相遇，以及应邀去到他在肯特的小庄园里的经历，让我发现他和我想象中的形象大相径庭。

Peter 全名是 Peter Adlington，他虽然是位成功的英国商人，但为人非常低调。Peter 对待身边的朋友都极好，就像他说的，无论你是什么身份，处于什么阶层，首先要尊重他人，才能体现出你的教养，被他人尊重。

他是那种很会享受快乐的人，从他在厨房的状态就能看出来。在他做菜时，整个厨房环绕着充满夏威夷风情的音乐，他随着音乐左摇右摆地洗刷着餐具，潇洒地开关着冰箱，整个人已经沉浸在音乐里，具体一点应该是沉浸在快乐里。厨房里有一个双人木沙发，上面铺着厚厚的加毛的毯子，而那里是他心爱的朋友："Elsa"的家，这只狗是他的陪伴，更是他口中的"女朋友"。自从妻子过世以后，这是他最亲的朋友，在这个偌大的房子里，它是他唯一的陪伴。

因为他弟弟的原因，我和他渐渐熟悉了起来，我常常会带着我的孩子或是朋友的孩子在夏天里去到 Peter 的庄园里，一住就是好几天，他的房子外面，是他的私人游泳池和一个私人网球场，夏天里我也会带着很多个朋友的孩子来到这里度假，在这里尽情游玩，Elsa 也会特别高兴，因为孩子们会是它最好的"朋友"。

生活在"博物馆"的他

Peter 住的房子叫 Dandy，位于"英格兰花园"的肯特郡，这个房子于1440 年建造，起初是一个开放性的建筑，他和他的妻子在三十年前搬来的，这个房子里面有许多收藏品，都是很有历史的物件，很漂亮，比如壁炉旁边的木材，取自本地，它们被用来建造老式帆船，历史可以追溯到 1400-1500年，这些木头来自这个区域自然生长的野生橡树，都是从那些古老船只上拆下来的。我特别喜欢他的房子，它像一个博物馆，处处都能看到历史的痕迹，每一块木头都有一段历史，每一个摆件都有一段故事。无论外表如何千差万别，它们的底色是相似的。那是一种地道的、田园（Idyllic）生活的底色，古老，绵密，醇厚，从文艺复兴到浪漫主义，从 Thomas Hardy 到 John Berger，蕴育着一代又一代的英国人，甚至对"英国性"的构成，产生着不可磨灭的影响。

在房子的主厅里，墙上挂着的是他父亲的油画像，Peter 的父亲是伦敦的侍卫，油画里身穿红色的典礼服饰，那时候他才十九岁，负责保护女王。Peter 的曾祖父很早就去世了，那时候他父亲才八、九岁，正厅对面是他母亲和祖母的画像。"二战的时候她们一家人搬去了德国，所以实际上在我母亲身

❈ 美人鱼酒店外观

❈ 美人鱼酒店19号房

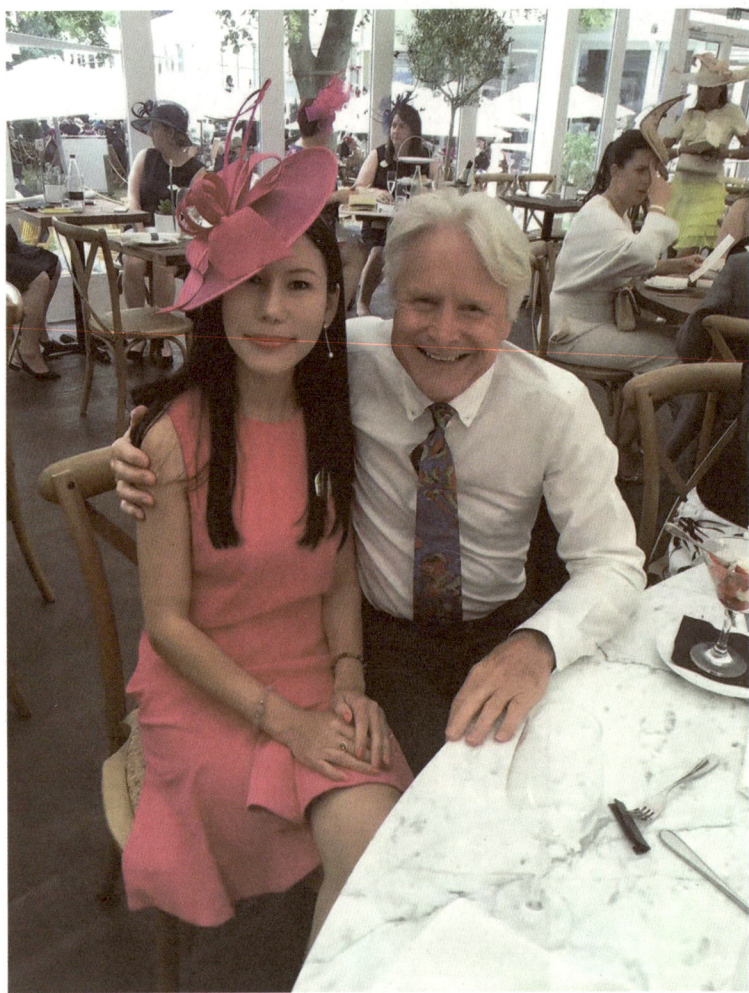

❋ Emma 与皮特·阿德灵顿

上还能找到许多德国的习俗，我的母亲是个全职主妇，打理着整个家和我们的生活。"在桌上有一张全家的合照，里面是另外四个姊妹。他的另外两个妹妹分别在威尔士和伦敦，还有一个姐姐在纽约，而弟弟 William 也在伦敦。"我们的童年很快乐，我父亲在院子里给我们建造了一个很漂亮的秋千，我们淘气做了坏事就会爬到秋千上，然后妈妈就抓不到我们了，当然最后还是要下来尝苦头的。"

Peter 出生于 berchington，这是一个小镇，距离这里大概十五公里，他和戴安（姐姐）和 Jane（妹妹）还有弟弟 Billy 一起在这里度过童年时光。"Billy 明显比我壮，因为他总是抢走我的食物，这个房间是我们的会客正式餐厅，用来吃正式晚餐。"他向我介绍，这个圣诞节 Peter 和家人们团聚的时候会在这里用餐，平日里则在厨房旁边的小餐桌上吃三餐，壁炉旁边有铜质小桶，以前人们用这个来洗衣服，现在 Peter 用它来装木材，他的父亲很喜欢收集这些，还有水壶，曾经用于计算水量，有个石雕是美人鱼，代表了 Peter 的酒店，来自美国。在这个房子里，屋顶的设计很特别，morning room（早安房间）是给家人休息聊天的，这里还挂着古老的画。大家可以在这里闲聊、看书、休闲娱乐，还有钢琴和电视。

Peter 和他的妻子在伦敦邂逅，当时她在时尚业工作，在肯辛顿附近的小时装店里，1970 年时 Peter 正为航空公司工作，他们就在那家店里相遇，开始了他们的爱情，后来 Peter 开始和一个朋友一起做生意，同时也继续为航空公司工作。他们起初在伦敦市中心有自己的企业，后来企业逐渐壮大，搬去了城郊，离现在的房子很近，于是他们就一起搬去了东边，她继续在时尚行业工作，最终停下了，Peter 也继续做着生意，获得了成功。

"我和我的妻子自此之前住在别的小镇，二十公里以外，我们在那里的房子里住了很久，但都是普通的房子，后来随着生意的扩张，资金充足就多购买了一些土地，扩大自己的财产，从两个卧室扩展到四个卧室，但是我们对生活的质量要求越来越高，我们对未来房子的要求也有了更多的想法，我们做了一个详细的单子，列出我们想要的条件，大约花了一年时间来寻找。当我妻子看到这个房子，她很兴奋地打电话跟我说：'我想我找到它了！'我是一个周末去看房的，当我走进房子，我觉得舒适又惬意，心里马上知道，这就是我们要度过一生的地方，你看，现在我在这了。"他的妻子已经去世了七、八年，因为脑中风，"那是一个艳阳的午后，我们和几个朋友一起在花园里聊天喝茶，而她没有任何征兆地突然从椅子上倒下，永远地离开了我。整个过程非常快，救治无法及时，但是生活还是要继续，至少我还有我们一起养的狗 Elsa，我妻子去世的时候，Elsa 她怀孕了，生了八条小狗，我们把小狗安置到不同人家，自己留下了两条。"生活还在继续，生命也会延续下去，Elsa 现在已经十二岁了，也相当于人类的老年时期了，她是 Peter 的忠实陪伴。

Peter 是一个很有品味的人，他的家很大，但永远都保持着整洁，他的穿着也非常英伦绅士。他的生活品质非常高，庄园里还有一个小型的发电屋，平时庄园里的用电都可以自给自足，多余的电还能卖给英国政府换来一些闲钱。

商人的私下生活

Peter 有珍藏汽车的嗜好（car collection），在自己的庄园里有一个大车库，里面用来收藏喜欢的车。他很喜欢（aston martin）阿斯顿马丁，享受开着优雅精致的车在欧洲游览的乐趣。十六年前，他从姻亲那里买下一辆 Martin version，这辆车现在也是收藏家们的心头所好，他还有一个迷你敞篷车，开起来很有乐趣。

Peter 还有直升机驾驶执照，他认为自己对天空和飞翔的兴趣要追溯到他的父亲，在二战期间他的父亲是个很棒的飞行员，后来他成为了飞行员教练，在加拿大过了一段时间，之后又去了哈佛。"我认为在我的血液里流淌着对天空的执着与渴望，我年轻的时候曾经驾驶过飞行器，那会儿才二十出头，但是我付不起学费，后来二十年后，我去学了驾驶直升机，我很享受这个过程，很享受呆在空中，我过了六项考试，我搬进这里之后我完成了全部过程，花了六个月，飞越了整个英国。"因为他有私人飞机驾驶执照，所以会经常开着自己的私人飞机去到其他城市出差，"我打算明年可以再次翱翔苏格兰，那里的景致棒极了。"

Peter 有个园丁替他照料房子，整栋房子加上房子外面的草坪大概 65 英亩左右，他们种植干草（hay），一二三月的时候这些草会成为羊的草料（Peter 还养了羊），他有自己的果园，同样种植各种作物，比如说葡萄，他前几年去了趟罗马尼亚，带回来一些葡萄种子，就种在自己的果园里。收获的新鲜红葡萄不仅可以当做水果，还可以酿葡萄酒，Peter 对酒有特别的爱好，也喜欢自己酿酒，晚上偶尔小酌一杯，或者用它来招待朋友。自己亲自酿制的酒可口又有诚意，大家一起分享美好东西的时光也是令人愉快的。

空余的时间他就设计自己的花园，庄园的大门是声控自动的，进入庄园时，你首先会看见一个宽阔的池塘，里面长满了芦苇，还有野鸭在芦苇间穿梭。往前走是一个养鸡场，然后是游泳池、网球场、很大的车库，这样步行一个小时后你会发现自己还在庄园里，可见庄园之大。夜幕降临后庄园会变得更有野趣，野兔到处蹦跳，松鼠随处可见，自然生态非常好，Peter 在庄园中花了很多时间，打造出一个特别的大花园，这里有很多用石头做成的千奇百怪的造型，沐浴着喷泉的水雾，四处开满鲜花，欧式的躺椅放置在鲜花簇拥的花园里，在这里喝着下午茶，看着日落，这种置身世外的感觉让人陶醉，就像 R.S. 托马斯（R.S. Thomas）的诗中说的那样"很少发生什么，一条黑狗，在阳光里咬跳蚤就算是历史大事"。这就是英国田园诗一般的生活。

商人的嗅觉

Peter 自称在学生时代里不是一个好学生，"当我还是个孩子的时候，我很不喜欢上学，我一生中的重大转折是年轻的时候我碰到的一个心灵导师，从事建筑行业，我帮他建造房子，他告诉我，我的直觉很准确，也很有洞察力。"他十五岁就离开学校了，然后在金融公司找到了工作，在那里做了三、四年，他在金融公司的工作经历让他学会了很多，他的经理是个好人，Peter 从这位经理身上学到了许多东西，包括商业尝试，后来就是 1999 年的时候，他经营了三、四家成功企业，当时有一个商学院的短期项目吸引了他的注意，他们会让学员自己手把手经营一家企业，同时也可以接触到多个行业中的不同职业的人，Peter 的同学或者导师教了他许多实践中需要用到的知识，令他受益匪浅。后来他想要旅行，当时英国航空公司在招人，于是他申请并成功拿到了工作的机会，年轻时的他很享受认识全世界不同的人，和团队一起奋斗，见识不一样的文化和信仰，去了亚洲、非洲、美洲加勒比、印度等等，那四、五年令人难忘。

"在我替英航工作的时候，如我所说，我开始和朋友做生意，我要么就在飞机上，要么就在经营生意，过了一段时间，我在那个领域已经称得上是一个企业家了，于是我决定辞去工作全身心发展这门生意。"Peter 现在主要经营的两门制造业生意，一个是由他自己负责，一个是他的生意伙伴负责，主攻欧洲市场的滤水等设备，Peter 主打的则以类似于气泡包装的材料为主，可以包裹在物体外，隔热，他们在这上面花了很多时间，生产物美价廉的产品，他们从传统的气泡包装材料出发，将这种新材料制作得更加坚韧持久，还和英国大学建立起良好的合作关系，同他们一起研发这种 gear bubble shape，能提高这种材料吃水度，可以用在游泳池上，比如迪拜这种热带国家的游泳池，使用这种材料做游泳池面的防护，在无人使用的时候，可以帮助池水维持原有温度而不被日光晒热。

但是他们售出的大部分产品是用于太阳能装置的，他们研发的 energy guard 最近荣获了英国物理协会颁发的工业创新奖，其他的该奖项获得者都是来自大科技公司的人，所以这让 Peter 和他的生意伙伴很是欣慰，这个 energy guard 可以有选择性的输导装换光能和热能通过防护层，并且将 algae（藻类物质和成分）隔绝在外，保护游泳池的池水保持原状。

Peter 在 1972 年的时候和他的生意伙伴一起开始做这件事，1992 开始销售水面防护层，"我们很幸运，我们自己用了很多很多这种材料，跟制造商大批量购买，来自欧洲和南美，欧洲制造的质量很高，我们订购的公司对改变颜色并不感兴趣，另一家位于南美的工厂提供的价格很有竞争力但是质量较低，于是我们决定自己生产这种材料。"他们做了很多关于机器和工厂的研究，1998 年开始正式生产材料，从 400 磅一吨增长到 600 磅一吨，他们的同行业竞争者并不希望 Peter 和他的伙伴在包装业有所发展，于是这些竞争者降低了自己的价格，但是 Peter 只能保持原价，因为他们使用的原料并不便宜，从此开始亏钱，与水面防护层这个领域相比，包装业更看重生产的速度和价格，质量并不是最重要的，而他们所追求的产品和这种生产准则背道而驰，Peter 觉得这并不是他们想要做的东西。最终他们决定不再在包装业继续发展，转而专注于游泳池这一个小块。

那会儿很艰难，但是幸运的是他们其他的公司都运转顺利，赚了很多钱，这支撑着他们继续在这个领域投资，八个月后 Peter 与朋友渡过了黑暗期，他们开始盈利。Peter 公司的主要市场在欧盟，但是同时也把货物售往俄罗斯、南美等地，所以公司 95% 的产品都用于出口。

好的心态才能换取好的人生

"我想，正因我从事的行业的特殊性（是关于 water cover 的），都是在节省能源，所以我高兴自己能够在能源再生（regeneration）领域有一席之地，这些可再生能源都很重要，它能拯救我们的未来，我很享受利用科技创造和使用能源的过程，"在一次与 Peter 的见面中他对我说道："我觉得我的一生中最重要的是过得舒适，在我的意识中以及在我的心中如何认识自己，我未来要做怎样的人等等，我是个很幸运的男人，在我的一生中有很多机会改变自己，变得更好，获得财富，过得自由，并且将自由明智运用。几年前我认识了一个教瑜伽的中国女孩，对我来说是很重要的一个改变，我学会了和身体和大脑沟通，变得沉静，学会了冥想，降低了压力并且享受自己现在的生活。"

Peter 认为如果一个人没有获得想象中的成功，那他要一直努力，一直一直尝试，人生可能会很艰难，但是不要一直担心这些问题，过了这段（自己所

❈ Emma 和朱迪斯在 19 号房的角落

认为的）关键时间，你就会反思"我到底为什么担心这种事？生活还在继续，还有这么多美好的事。"

他一直是一个懂得生活的人，他总是对年轻人说，不要总看新闻上的坏消息，要自己感受身边的事，直接体验而非让别人告诉你。不要担心那么多，不要杞人忧天，"当你有了那些让你倍感焦虑的消极想法，你就把它们扔出去，别让它们控制你的神经，然后你等待自己的另一个想法冒头，如果仍然是消极的，再扔出去，如果是好的，抓住它，不要让它流逝，如此一来，你就能尽可能保持正能量，时刻心存感激热爱生活，亲近自然，拥抱生命。"

神秘的美人鱼酒店

在对 Peter 的整个专访过程中，我最感兴趣的还是他的酒店。酒店坐落在小镇 Rye，位于英格兰东南部，这里有"英国后花园"、"英国油画小镇"之称。这个酒店在英国非常出名，它被评为英国十大"闹鬼"酒店之一。很多其他国家的游客都是慕名而来，为了预定 19 号房间，可能会排上好几个月，就为了亲自来感受一番，它就是"美人鱼酒店"（mermaid inn hotel）。

这家酒店是英格兰东南部最古老的旅馆之一。这座建筑的最初结构早在 12 世纪就已建成，它的前身实际是一个酒窖，建立于 1156 年，后来于 1420 年重建，整修后做成了旅馆，成为如今的 The Mermaid Inn，但还是保留了酒窖。酒店住客都是当时特别有影响力的人，伊丽莎白一世女王，伊丽莎白二世女王的母亲，爱德华王子，还有莎士比亚等知名艺术家都曾到访这里。The Mermaid Inn 的餐厅以其精致的法式和英式美食获得过 2 次 AA Rosettes 奖。

酒店保留了许多美丽的传统特色——部分客房里都是秘密隧道，例如在书柜后面都会有秘密楼梯通往另一处。其诺曼式酒窖的历史可以追溯到 12 世纪，宾馆的酒吧和屡获殊荣的餐厅都设有巨大的开放式燃木壁炉，酒廊酒吧设有由石柱支撑的巨大木质横梁。当初建造这里的人应该很富有，因为他们用了上好的木料，雕刻精致考究，细节生动，显然是花了一些钱的，The Mermaid Inn 的每间客房都有着迷人的特色，如木制镶板或雕花床。

我去了好几次那个酒店，管理酒店的经理叫朱迪思，她是一个漂亮的英国女人，在这里已经工作了 20 多年，她说很荣幸她曾经有缘分遇到了其中的一位"女鬼"，与其他职员看到的"女鬼"是同样的造型。但与其他人不同的是朱迪思很高兴，她坚信这些鬼是喜欢她的，因为她从来没有感到过恐惧或者不安，她们就像老朋友一样偶尔会出现在眼前，而她也习惯了那样的画面。据她的描述，这里一共有 6 个鬼，都是由不同的住客描述出来而最终确定的个数。朱迪思说她在这已经 20 多年了，从来没有什么不好的感觉，他一直觉得很不错，"所以如果这里真的有鬼魂，他们应该很喜欢我。"

"有一次，晚上六点的时候，我正走在楼梯上，有一个长发女士，穿着长裙，站在我的楼梯前面，我向上走的时候看到她，于是我偏过身子过去，但是她消失了，她去哪了？这不合理，如果她在我转身的时候消失，她需要跑得非常快，而且多多少少会发出声音，但是没有，我回过头她已经不在那了。我的同事在同一个地方也见过她。"朱迪思对我说道。

"有个房间是在酒店被水淹的时候被损坏的，因此你可以看到这个房间整体上都有倾斜，所以我们怀疑地道就在这个房间的正下方，但是所有的木材都很坚硬，挤压在一起，非常密，连一根钉子都钉不进去，也很难烧着，如果同时点燃现代酒店和老旧酒店，实际上现代酒店会非常容易被烧着，老酒店可能要花上几百年，因为木头实在太老了，实际上这些同期的木材都是用来造船的，我们共有 34 个卧室，每一间都是完全不一样的。

传说在 1730-1740 年间，当地声名狼藉的海盗组织 Hawkhurst Gang 曾占据这里作为巢穴。当地人传说，那些海盗和他们的情妇们的鬼魂时常在旅馆中出没。从午夜打碎的瓶子到摇摇晃晃的摇椅，这些年来发生了许多奇怪的超自然的故事。

最神奇的就是在餐厅里有一把好运椅一把厄运椅，都是从女巫的坟墓里发现的，有一次朱迪思带领学生们前来参观，告诉他们如果要碰就碰好运椅，不可以去碰厄运椅，结果一个女孩不相信他说的故事直接坐在了厄运椅上，回程的时候她就出了车祸摔断了胳膊。

19 号房间

多年前有一对夫妻，带着自己的三个孩子过来入住，三个孩子都乖巧懂事而且行为举止都很有规矩，但其中的一个男孩入住后就久久的看向床对面的桌子，并且问他妈妈为何有一个女士坐在他们的房间里。当时这位母亲没有相信孩子说的话，但事实上不光这一个孩子在这个房间里有这种经历，其他住客也曾看到孩子形容的同一个人，如今这个男孩已经 17 岁了，他仍然记得他小时候在那个房间看到的那个人，而他的妈妈现在也相信了当年的儿子没有说谎。

这是我最喜欢的房间，19 号房间。这个角落就是很容易闹鬼的角落。"朱迪思走进 19 号房间指着前面那个角落说道。而有些不同的年份、不同国家的住客，却拍到同样的画面，这让她们很激动。在这个房间里的角落都是半夜同样的时间拍到两个人手持兵器打架的场面，而时间都定格在半夜 2 点 15 分。

1900 年一对夫妻半夜醒来，看到两个人在这个角落打架，其中一个杀了另外一个人。五年前一对夫妻在这张床上睡觉，他们把相机打开对准房间，到家后他们查看了相机里的记录，发现晚上两点十五分，角落出现一个人影，一道光"嗖！"地一下冲进墙里，就在这对住客离去的接下来的下一周，另外一对夫妻在这个房间过夜，他们不知道先前发生的事，丈夫半夜醒来，用自己的数码相机拍了三张照片，第二天他看照片的时候，发现中间那张上，显示出一个人影站在墙角，时间显示是两点十五。整个酒店里有不同的鬼魂，两个在角落打架的男人，一个站在楼梯上的女士，两个吵架的人，那个屋子里放有两把椅子，住客会把自己的衣物搭在其中一把椅子上，但是第二天会发现衣服都到了另外一把椅子上，在 42 年内，那个房间的住客很多都经历了这件事。

在谷歌里很轻易的就能搜到很多 The Mermaid Inn 的住客放上去的视频，住客通常会在房间放一架质量较好的摄影机，以方便记录整晚录像，然后细细地观看视频的每一秒每一帧，当然不是每个住客那么幸运能有缘遇上。临走前我还是鼓足勇气和朱迪思站在 19 号房间的那个角落留下我们珍贵的合影！

英国国家自由俱乐部主席——
莫里斯·罗布森（Maurice Robson）

英国最不缺的就是绅士。谈起英国的绅士文化，绕不开的一定是私人俱乐部。18 世纪，在女性还未获得参政议政权之前，为了给那些绅士们打造一个畅所欲言的私密空间，众多俱乐部如雨后春笋般蓬勃发展。这些私人俱乐部常常与政坛紧密相关，许多议会大臣都曾是其中的会员。

成立于 1882 年的国家自由俱乐部，因其得天独厚的地理位置，被英国《卫报》评为"绝无仅有的黄金地带俱乐部"。俯瞰泰晤士河，该俱乐部离白厅和西区都不远，可谓拥有从政治到艺术领域的绝对地理优势。然而，这家俱乐部正如其名，崇尚"自由"，旨在为从追求政治自由到艺术自由的会员提供一个休闲娱乐的场所。自成立以来，它打破常规地接纳了来自不同种族、社会和宗教背景的男人；同时，这里也是伦敦第一家允许女性登记成为正式会员的主要绅士俱乐部之一。

俱乐部是由维多利亚时期著名建筑师阿尔弗雷德·沃特豪斯设计完成的。后来，当我受邀来此参加俱乐部举办的 Black Tie 晚宴（一种男士需要打黑色领结的正式晚宴），站在被称为"伦敦最华丽的露台"上时，我明白了为什么聚在这里的人都不谈政治，只聊天气。岂可辜负了这般撩人的月色？

也就是在那次晚宴上，我第一次见到了国家自由俱乐部的主席——莫里斯·罗布森（Maurice Robson）。在还没有介绍他身份时，他便因其独特的穿着打扮吸引到了我的注意力。环顾四周，与其他人不同的是他笔挺的礼服前佩戴着各式各样的徽章；同时，我也留意到他手上形形色色的戒指。当被邀请上台致辞时，他的语调阴阳顿挫分明，让人一听便毫无距离感，很是亲切舒服。

后来，经由朋友威廉·阿德林顿（William Adlington，国家自由俱乐部成员之一）的引荐，我有幸采访到了他。在交谈过程中，我发现他就像是一位可爱的邻家老爷爷，说话处事很有亲和力和感染力。虽然在采访前我精心准备了很多问题，但是后来发现整个过程我几乎都无处插嘴。每每谈起自己的过往史时，他总是情绪饱满，努力将更多的细节展示给我，恨不得带我回去经历一番，实在让人不忍打断。

我的父亲母亲

位于俱乐部主露台的下方有一个房间是整个俱乐部最小、最私密的，它长期以来一直被用作内部成员会议室，这便是"劳伦斯·罗布森厅"。该厅是为了纪念劳伦斯·罗布森爵士（1904-1982），也就是莫里斯的父亲所建的。劳伦斯·罗布森爵士是罗布森·罗德斯会计师事务所（Robson Rhodes & Co）的创始人，2007年该公司与均富国际合并，成为今天的致同会计师事务所（Grant Thornton）；同时，他还是自由党的前任总统，虽然曾两次竞选国会议员均告以失败，但在经济动荡的上个世纪七十年代，正是他挽救这家俱乐部

❖ 英国国家自由俱乐部主席——莫里斯·罗布森（Maurice Robson）和 Emma Zhong

※ 英国国家自由俱乐部主席——
莫里斯·罗布森（Maurice Robson）

于水深火热之中，使之免于倒闭。

莫里斯的父亲从小向往自由，在很年轻的时候便来到伦敦并在托特纳姆宫路上的基督教青年会（YMCA）学习。学业完成后，他的父亲试图找一份工作。但1930年代是个机会匮乏的年代，所以留给他的选择并不多。于是，不想被生计牢牢困住的他便把自己的电话号码洋洋洒洒地写在一张纸上，并贴在了他朋友的办公室门上，然后独自溜去了皇家艺术学院演奏钢琴。

1939年，在"二战"打响之前，有一次他在农场弄了些食物要送到白金汉郡，结果在路上被英国皇家空军强制征用，负责开战斗直升机。虽然在"二战"期间，英国空军进行了大量作战活动，但因其高明的基地选址，保障了这些飞行员距离德国的炸弹足够远，这才得以让他大难不死。

谈起父母相遇时，莫里斯全神贯注。他说父亲不知从哪里听说某处有四位非常美丽的瑞典女郎共住一间公寓，于是某个周五他在自己的农场上弄了些新鲜食材准备送到那边。那四位女郎看到丰盛的食材后，马上开始着手为周六聚餐做准备。其中一个女孩说现在有三位绅士加入，还有一个名额空缺。他的母亲提议说应该邀请食物供应者加入，她们都说是个好主意，于是他的父亲便这么被邀请来了。

当天，他打扮俊俏，准时出席。兴奋之余，他注意到女士们的公寓里有架钢琴，于是在享用过美味晚餐后，他询问自己是否可以弹唱一曲来助助兴，所有在场嘉宾都兴致盎然。直到临近零点的时候，他想是时候离开了，便致谢告辞。在他父亲离开后没多久，他母亲便转向另外三个女孩说道："那个年轻人——弹奏者和歌唱家——是我的！"结局就是——这四位瑞典女郎都和那次晚餐间遇到的男人结了婚，这其中一对便是他的父母。

"第二位瑞典女郎嫁给了我的教父——莫里斯·尼古拉斯（Mourise

Nicolas），他是位了不起的成功人士。第三位瑞典女郎选择了伦敦的秘鲁驻英大使的儿子，他仪表堂堂，但不幸的是婚后没过多久他在伦敦出了车祸。后来，是我父亲把他们偷渡到了秘鲁。第四位和她的约会对象在英国轰炸机司令部服役，虽然他们一起经历了英国战争，并且失去了很多同事，但幸运的是他们劫后余生，始终不离不弃。"莫里斯一个不落地向我娓娓道来。

多年后，当年四位娇羞的瑞典女郎已为人妻，她们携带各自的丈夫重聚。因为老友谈话涉及私人话题，他的父亲不想让男仆为他们端菜倒酒，于是便请莫里斯前来做"临时管家"，于是，他也有幸成为了那段激情燃烧岁月的见证者。

俱乐部的守护者

莫里斯从未离开过俱乐部，而他的父亲更是挽救俱乐部的头号功臣。当年，为与皇家专员争夺地产权，他和父亲历经了五年的周折。在此期间，他们每日过得如履薄冰。但当他们打赢官司，有了法律明确保障后，在很长一段时间里他们的生活也因此惬意安心了。

从 1975 至 1982 年，莫里斯的父亲成为了这里的董事长，直至他因癌症离世。为感谢他为俱乐部所做的一切，大卫曾给了他一个女王的爵位，于是他们一家受邀前往白金汉宫。直到现在，莫里斯还清楚地记得白金汉宫左手边有个电梯，因为他的父亲当时已坐上轮椅，需要乘坐电梯上下楼。当轮椅被推进去时，他发现里面还有一位同样坐着轮椅的老先生。寒暄中，他才得知原来他们还是"老乡"（都来自约克郡），而那位老先生曾经是约克郡的警察，在值班期间因受重伤导致无法再继续工作。原来，他和他父亲都是一类人，他们会誓死履行职责，拼了命地守护这块自己深爱着的土地。

在觐见完女王后，他们去议会大厦探访大卫。每每回忆起这段经历时，莫里斯眼中都会闪闪发光，他说在那一刻他相信了奇迹的存在。他亲眼看到自己的父亲在受到新荣誉的刺激后从轮椅上站了起来，完全不需要任何人辅助。接着，他父亲示意他和他的母亲、两个妹妹以及大卫坐下，并说有很重要的事情要说。"首先我要感谢你给我这样的荣誉，大卫，你帮我解决了我人生一大困扰。在过去十年中，我总是妄自菲薄，而现在因你，我们成为了罗伯森爵士和罗伯森爵士夫人。"他父亲这样说道。

经历了那次奇遇之后，他父亲的身体开始每况愈下，他母亲和他的小妹克莉斯汀娜彻夜守候在侧。当莫里斯走进房间，坐在他身边时，他已失去了说话的能力。虽不能言语，但他意识还清醒，还认得出莫里斯。于是，莫里斯握住他父亲的手说道："我为你现在感觉这么糟糕而感到非常抱歉。"然后他的心脏停止了跳动，仿佛他父亲仅存的气息只为见他一面。整理好情绪后，他走出房间，将这个噩耗告诉了母亲和小妹。

"但换一种角度来看，这也是一件好事，他终于解脱了，我为此感到释然。"莫里斯抬起一直低垂着的头对我说。对他来说，父亲不仅仅是亲人，更是人生导师，他总是百分之百无条件地信任着父亲。他敬佩父亲拥有传奇的一生，尤其是拼尽全力拯救俱乐部。

父亲过世后，莫里斯接过重任成为了董事长。与父亲充满奇幻色彩的人生不同，他按部就班地毕业于伊顿公学和牛津大学，并顺理成章地继承家业。去年，在他上任的第十六个年头，乌干达的国王奥约尔·尼尹巴来到英国进行国事访问，并亲临国家自由俱乐部。那时，正赶上莫里斯的生日（12月20日），于是他的一幅画像被挂在了俱乐部的一面墙上。乌干达国王发现了这幅肖像，于是他的大名也逐渐为一小撮人所熟知。

一夜成名

真正让莫里斯一夜成名的不是他殷实的家境，而是他的情感生活。

在他找到克洛伊·爱德华兹 (Chloe Edwards)，也就是他的前妻之前，他曾交过六个女朋友。他回忆道，他的初恋对象是菲欧娜。他们在一起长达七年，但最后还是没躲过那"七年之痒"。有一次，当她问起莫里斯接下来如何规划时，莫里斯想想已经稳固的恋爱关系，回答说打算见见她的朋友和家人。但后来因手头工作繁杂，他一时无法抽身，于是决定第二年夏天再前去拜访她的亲友。但此举让菲欧娜认为他是在婉拒自己，于是她决然地离开了他，和一个教授私奔了。

莫里斯谈起这段往事时神情专注，他说自己可以接受她的离开，但无法接受她以这种私奔的方式来了结这段感情。"我知道那位教授的车牌号是HAA410B"，他一个字一个字地向我念出车牌号，"于是我跑到他们已经发动好的车前，给雨刷打了个结，然后说，就这样吧，永别了！"

在我看来，莫里斯是个专一长情之人，从他每段感情都维持在五年以上便可下此结论。菲欧娜之后是玛丽亚，他们在一起六年后分道扬镳。然后五四三二一，他遇到了"真命天女"克洛伊，并把她娶回了家。

1985 年，莫里斯与克洛伊在威斯敏斯特议会大厦的地下室教堂喜结连理。他们在一起 23 年，头五年他们想要孩子，于是克洛伊禁止他饮酒，因为医生说他精子浓度低。后来，他们尝试体外受精。回忆起这段经历，他说那真是最无聊的性爱方式。"就坐在卫生间里，手里捧着一本低俗杂志。"

❀ 英国国家自由
俱乐部外观

　　第一次他去了 Harli 街的一家诊所，在他注册完毕后，他被等候室里的人群震惊到了——他发现自己是唯一的白人。没等多久，一位漂亮的女护士走过来说，"请跟我走"，然后给了他一本非常"潮流"的杂志和一个小瓶子。一开始他很兴奋，结果半程卡住了，然后女护士过来询问怎么这么长时间，莫里斯如实说自己遇到了大问题，并问及如果打开门，她是否愿意走进来，脱掉上衣给他看看她的内衣。之后，他成功灌满了一整瓶。在走出卫生间时，女护士对他说："永远不要告诉别人我为你这么做了。"

　　没过多久，克洛伊说她怀孕了，于是莫里斯顺其自然地向她求了婚。后来他才发现自己被骗了，克洛伊其实没有怀孕，而整个婚姻也始于一个谎言。痴情的莫里斯因为对她爱之深切，所以当下选择原谅了她。费尽周折也没有结下爱的结晶，莫里斯所幸本色出演。等到年底时，莫里斯对克洛伊说 12 月 20 日至 1 月 12 日要回老家参加亲友聚会，届时他打算饮酒，而她也可以喝香槟。无所顾忌地他们玩得非常尽兴，每晚都进行鱼水之欢。很多时候，正是因为我们无欲无求，机会才会悄然降临。就这样，他们怀上了第一个孩子詹姆斯，并于 8 月 27 日顺利诞下。两年半后，女儿娜塔莎也赶在圣帕特里克节（3 月 17 日）出生了。

　　然而幸运女神也有未出席的时刻。他们第三个孩子在出生前一周便胎死腹中。克洛伊为此天天自责，想要再生两个孩子。莫里斯告诉我，他 42 岁结婚，47 岁才有的詹姆斯，而当时他已 52 岁。为了安全起见，他们去看了医生。医生说像他这种情况，在所有日子里都应该"开火"，这是男人的好运气。但是，当谈及克洛伊时，医生拿出一个表格，其中右边一栏有再次受孕可能性的百分比。他说，她现在已经老一些了，怀孕的可能性大概只有 2%，虽然可以通过后期医疗辅助提高，但他也只能帮他们翻倍到 4%，而且无法保证会有什么后果。在医生的建议下，他们决定就此打消这个念头，珍惜已有的两个孩子。

无法再次受孕，让克洛伊多少有些郁郁寡欢。对她而言，莫里斯就像是一把盐，仿佛他的存在就是为了让她的伤口加剧腐化。所幸，她决定"眼不见心不烦"，将更多的时间花费在她的花式骑马术上。莫里斯对我说，她的骑马术非常优秀，是那种能够进入英国国家队的标准。但由于长期坐在马背上，导致她臀部关节损伤，于是她开始拒绝性生活；同时，由于每日的大量训练，导致她晚上睡觉时鼾声大如雷，常常让莫里斯彻夜难眠。

直到有一天，她突然对他说："我打呼噜，你去睡另一间房吧。"虽然莫里斯睡眠质量有所提高，但他总觉得心里空落落的。他开始天天买醉，这一醉便是三年。后来，他发现借酒并没有消愁，反而对他身体有害无益，于是便停掉了。在身体恢复了一段时间后，他开始制订自己每日的饮酒量并严格执行。然而，伴随着停酒而来的是婚姻的终结。

故事和酒

在整个采访过程中，让我影响最深的便是他那装满威士忌的酒杯始终不离手。在国家自由俱乐部工作的餐厅侍者对我说，莫里斯几乎每天中午雷打不动地都会来。他会找一张四人座的桌子，然后将他多年"老友"——一只玩具刺猬放在他对面的椅子上，并为它点一杯橙汁。这时莫里斯会端起自己的酒杯，来一段祝酒词然后跟它碰杯……我无法再听下去，沉重的孤独感仿佛要将我吞噬，于是我匆匆辞别了侍者又回到了休息室。

"她和我离婚后我怒火中烧，之后再也没有和她说过话。"休息片刻后，莫里斯再次跟我讲起他的这段婚姻。

2010年，英国多家媒体曾就这场浩浩荡荡地离婚进行过多起报道。《英国电讯报》以题为"法院称，法官'不公平地'命令贵族在离婚协议中出售祖传邸宅"进行专题报道，声称一名百万身价的贵族在一场激烈的离婚之战中，因法官"不公正地"判罚他过度消费和管理不善，导致他被迫以4200万英镑出售家族中珍贵的乡村庄园，用以支付他与分居妻子的和解费用。其中，这个故事的男主人公正是莫里斯。

1982年，莫里斯从他的父亲那里继承了基丁顿庄园。位于伍德斯托克附近的基丁顿庄园（Kiddington Hall）见证了罗布森家族花甲年间的风风雨雨。始建于1673年，庄园占地面积约2050英亩，坐落在由英国园林大师"能人布朗"兰斯洛特·布朗设计的18世纪花园里，拥有广袤的树林和湖泊，被称为"牛津郡中心的一颗明珠"。与它毗邻的另外两处庄园是格里姆普顿庄园和迪奇利庄园，分别为沙特王室和威尔烟草世家所有。

基丁顿庄园内部富丽堂皇，有镀金的飞檐、丝绸墙纸和华丽的大理石壁炉，包括九间卧室、五间浴室、五间接待厅、一个橘子林园和网球场。在图书馆里，还有一张斯诺克桌球桌和下议院的椅子，整个庄园看不到等离子电视，整个格调都是典型的古老英式做派。

莫里斯对庄园爱之深切，这次的出售让他悲痛欲绝。早在2001年5月，当烟囱中的鸟巢起火并滚入客厅时，该建筑物就差点被烧毁。莫里斯拼命用灭火器扑灭火焰，在消防员赶到前尽力做了保护和挽救。虽然，有大批地毯和名画因此摧毁，而莫里斯也因吸入浓烟而入院接受治疗，但他拯救了这座房产和整个家族史，牛津郡消防管理局的一名发言人事后说道："他做了一流的工作。没有他的努力，整个地方都可能被烧成灰烬。但他真的应该离开，当时火势实在是太大了。"从此以后，他便和庄园结下了过命的"交情"。

当年 7 月，在法官查尔斯的命令下，莫里斯卖掉了这套祖宅以支付 800 万英镑的离婚和解费，结束了长达 25 年的婚姻。后来，他的辩护律师、王室法律顾问詹姆斯·特纳（James Turner）以夫妇两人共同管理不善家产为由，主张减少莫里斯单向赔偿的费用，并声称这一裁决"对丈夫是一个不公平的结果"，而罗布森夫人牟取到的是"一笔横财"。在接受《每日电讯报》采访时，特纳直言法官"不喜欢"罗布森先生，对他使用从父亲那里继承的财产度日的生活方式进行了尖锐批评，他表示这一事实影响了法官的判罚。他对上诉法院回应道："法官基于过去轻率的过度开支而下令（罗布森先生）继续支付赡养费是错误的。"

法官对此回应，虽然他对罗布森先生不愿出售这栋豪宅表示同情，但是他和他的前妻都必须"勒紧裤腰带"过日子，这在未来是不可避免的。"他们并没有好好经营家族地产，只是在一味地啃老。这栋祖宅代表了他们的生活方式，现在祖宅消失了，这全都是他们咎由自取，亲手杀死了这只会下金蛋的鹅。"

在众多人看来，法官应本着"客观"的态度评估双方在这场离婚官司中出示的证据，和平分家的正确操作应该是权衡当下并展望未来，而不是过度指责其中一方在过去犯下的不是。莫里斯对法庭的这一项判罚显然产生了"情感上的困扰"，他要求用分期付款而不是一次性付清的方式，以便随时保住基丁顿庄园的地产。

斯特拉特帕克(Strutt & Parker)的房产销售代理和乡村住宅负责人马克·麦克安德鲁(Mark McAndrew)相信，这处房产完全不愁吸引不到买家。"这是一处一流的庄园，状态极佳。土地和农场都在运转，林地很好，公园和房子都很漂亮。"在牛津郡、汉普郡和伯克希尔哈撒韦郡，很少有像这样让每个人都想搬入的黄金房产。因为大多数这样规模的庄园要么是祖祖辈辈在此繁衍生息，要么就是早已被后代瓜分完毕。

英国首相乡村地产经纪公司米德尔顿顾问公司 (Middleton Advisors) 的联合创始人汤姆·哈德森 (Tom Hudson) 已介入，积极为基丁顿庄园寻找合适的客户。哈德逊说，这是一笔非常重要的交易。"有人在四处寻找这样价位的好房子，因为它还包含土地本身带来的福利，就目前来看，这片土地每年能够产生 437,000 英镑的稳定收入，更别说它还有全国最好的私人公园之一，而且房子也没有大到难以管理。"

没过多久，英国财经网站 This is Money 便以题为"挥霍无度的浪子因离婚痛失豪宅"进行了后续的跟踪报道，声称莫里斯被迫将自己的祖宅以 1500 万英镑卖给了社会名流杰迈玛·戈德史密斯（Jemima Goldsmith）。之后，莫里斯也收到了一些小小的安慰。经法院再次裁判，承认莫里斯夫人确实在经营家族财产方面有过失，所以最终赔偿费用被降低到了 700 万英镑。

"我听说她现在又离婚了，而且破产了，我已经不恨她了，只是不想和她说话，因为我很难原谅她对我做的事。"莫里斯摇晃着手中的酒杯，将一杯威士忌吞进腹中。

一入冬，他便借酒暖身，威士忌从不离手。在俱乐部采访的 2 个半小时内，他喝了将近 3 杯的威士忌。我开玩笑问道他是否每天也用威士忌刷牙、洗澡。他憨憨一笑，像个偷吃巧克力被逮个正着的孩子。

在我结束采访后，侍者给他递来了很多封信。我坐在一旁偷偷观察，被他的一举一动深深吸引。只见他拿出一把精致的拆信刀，将每个信封整整齐齐地裁开，取出里面的信纸细细阅读，看完后再将它按照原先的折痕小心翼翼地叠起并重新放回信封。他对待生活的认真态度打动了我，让我对他肃然起敬。于是我明白，所谓的贵族文化并不是用金钱堆砌出来的，而是通过家庭教养、礼仪礼貌由内而外散发出来的。

平日里，除了打理俱乐部事务以外，他将大部分时间花在自己的爱好上面，比如打猎、射击、钓鱼和收集古玩。有一次，他带我和我的采访助理去他喜欢的一家古董店闲逛。他看上了一套杯子，大概是 6 只装，一只 50 镑左右，然后他便从身上掏出一个装有 3000 多镑现金的信封。当时我和助理对此表现出了些许震惊。随后他又走进一家古董帽子店，将一顶配有彩色鸡毛饰品的帽子戴在我头上，还没等我反应过来时，他便说这顶帽子很配我，希望我能收下。我拿下帽子，看到标价 500 镑，立刻放回了原位。他从我的举止中读出了我的担忧，便解释说因为能有两个国外来的朋友陪他说说话，他感到非常开心，所以想要略表心意。虽然最后我还是没有接受这么贵重的礼物，但是他赤诚的心意我欣然接受。

在与莫里斯进行的几次采访中，我常常刻意不去打断他或者主动询问，我总是让他慢慢地想到什么就说什么。到底是有何种的震惊让他能够一字不差地说出了车牌号，又或者是何种的寂寞让他与一只玩具刺猬共进午餐，在我与他那一刻的交织中，他只想和我说说话，而我恰好也只想听他说说话。

去年，听说他因病回到了苏格兰高地，那里有一座 17 世纪的城堡，也是他从父亲手里继承下来的。在此之后，他便销声匿迹了。我不知道他现在病情是否有所好转，只希望回归故土的他身边常常有人陪伴。远方的我将备好酒，等他带着新的故事再一次走近我。

英国前首相的曾孙女——
女勋爵亨丽埃塔．劳斯（Lady HerieHa Rous）

第一次见到亨丽埃塔是在她家的圣诞派对，我是通过朋友 William Adlington 的邀请前往她的派对的。那次派对至少有 80 人，不乏年轻时尚的，精致优雅的，但她是其中最出众的。她有着非常纤细的身材，说话间下巴微微向上扬，你能感觉到她所透露出来的自信与特有阶层的那种良好教养。亨丽埃塔乐于款待客人，对我很和气，她的中国朋友不太多，来的宾客里能见到的华人面孔也就两三个而已。在第一次见面后，渐渐的我私下里和她成了很好的朋友，我也习惯叫她 Henri 了，我很了解她的品味，每次挑礼物我总能猜中她的喜好，也许这也是我们能成为朋友的原因吧！

我一直觉得，她就是我想要活出个样子的楷模。和她接触久了之后我经常和朋友聊起她，发现大家都对她喜爱有加。她是另类时尚的标签，是那种把 T 型台搬到现实生活中来的人。我知道伦敦从来不缺时尚的气息，但能够在身边真实感染我的也就只有 Henri 了。那些在我们看来花枝招展的颜色和配饰在穿戴在她身上是非常美丽耐看又吸引人的，从不会让人觉得庸俗或者 Wear too much。她的交际圈层次也很高，交游甚广，一些知名的富豪、电视节目人，或是庄园城堡主人都是她的私人朋友圈。她像是天生的演员，有一张精致迷人的脸，她每一次说话微微上扬的脸庞让我想起了奥黛丽·赫本，她也是时尚的宠儿，圈内很多人也会模仿她的着装，走到哪里都是一道靓丽的风景线。她热衷于社交，一帮同阶层的朋友经常开 Party，平时就像生活在秀场，穿着优雅地出现在伦敦街头，这是真正的时尚，也是真实的生活。

出生名门

Henri 的父母来自不同阶层，家庭情况也不同，但他们是表兄妹远亲。Henri 的父亲在当时是个非常英俊的年轻人，16 岁就去学了海军工程师，做了海军，在轻巡洋舰上工作，他是负责起雷的军官。他来自一个名叫 Rous 的家族，这个家族非常兴旺，在英国东部的萨福克郡，拥有很多土地。

Henri 母亲的家庭背景更有趣一些。她的母亲来自 Asquith 家族，Henri 的曾祖父赫伯特·亨利·阿斯奎斯是第一代牛津伯爵，他是英国自由党政治家，在一战之前是英国首相，在 Henri 的印象里温斯顿丘吉尔曾经做过他的内阁。而她的大舅舅是海军陆军军官，二战前死于白血病。在这一代拥有四个女孩的家庭中，她的母亲是长女，她外形出色，非常聪颖。

在 Henri 的父亲和母亲结婚前，他和前妻已经有了两个儿子，那个时候离婚还是一件不太光彩的事情，当他决定和 Henri 的母亲结婚的时候，他的家人并不高兴。因为父亲在这之前有过一段婚姻，加之是大家族，所以关系比起一般的家庭要复杂一点，但他们在这个大家庭里的关系还不错，包括同父异母的两个孩子。前妻所生的二儿子是个非常上进的人，绅士，儒雅，学习也非常优秀。后来他负责掌管和料理军务当了将军，在德国和北爱尔兰领导过军队。再

※ lady Henrietta Rous 和比利 （William Adlington）

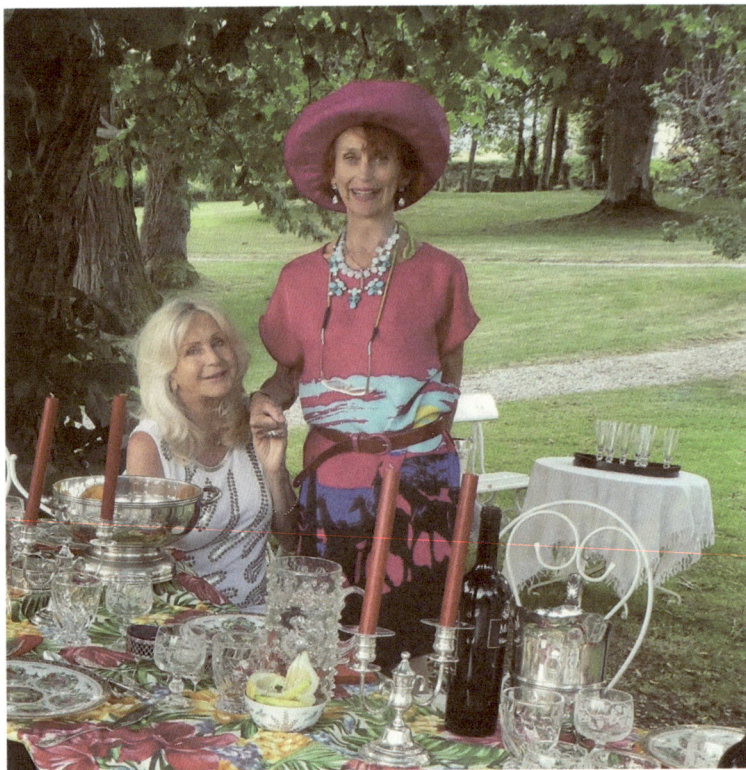

lady Henrietta Rous 和 好朋友 Liz Brewer

lady Henrietta Rous

后来女王授勋他为 OBE，极受大家的敬仰和尊崇。而那位大儿子则去了澳大利亚，在那里买了庄园做起了经营庄园的生意。他和第一任妻子有六、七个孩子，后来离婚后又和再婚妻子共同生活，这个妻子是 Henri 爸爸在英国结交的一位朋友的女儿，很早就去了澳大利亚，他们非常恩爱，两人结婚 40 多年，只有两个晚上不在一起，他们一共有 8 个孩子。Henri 其中的一个侄儿虽然住在澳大利亚，但会在英国的萨福克郡举行一年一度的 Latitude Festival 音乐节。

Henri 的母亲在结婚以后有了四个孩子，而姐姐卡洛琳和 Henri 的关系最近，她们现在也保持着经常来往，当然也可能是因为她是离 Henri 住的最近的人。而她的弟弟 Johnny 拥有了整个村庄的继承权和经营权，他努力做的很好。还有另外一个姐妹叫维吉尼亚（她 19 岁就结婚了，后来生了六个孩子），女孩们总是和男孩不一样的，追求的生活也不一样，但是大家还是互相赞美，和谐地生活在一起，也尽量保持自己的独特性。Henri 享受到了一个舒适家庭所能提供的一切，也受到了良好的教育。

Henri 的童年在一个美丽的乡村度过，她的父亲和母亲就是在这里通过远亲认识的，村子名叫 clovelly，这是一个非常特别的村子，小村在一个悬崖上建立了一两百所房子，还建了栈道，很古典，有世界各地的人慕名而来欣赏它的美景。这里还有个海湾，在十一世纪被三个大家族拥有，其中 Henri 的家族就是拥有者之一，而另一个大家族 Hamlyn 也因为 Henri 的曾姨妈嫁给了他们家族，传承了姓氏。而在这位曾姨妈结婚后，她努力地让整个村庄运作，发展经济，经常举办各种派对活动，丰富人们的生活，所以这位曾姨妈拥有很高的威望，在这里生活的人们都尊重她，敬仰她。

Henri 和她的奶奶一直生活在 Clovelly 这个地方，她的姥姥在这里也有好几个大房子，但她不喜欢生活在这里。Henri 的爷爷非常富有，他在那里买了五个大农场，也买了很多好车，譬如劳斯莱斯一类。爷爷经常开着劳斯莱斯去市场里买羊，再用劳斯莱斯把羊拉回家。这就是他们的日常生活，童年的世界是那样的美好、安宁和激动人心，Henri 的整个童年都是在这里度过的，她也经常在农场里去放羊放牛，这是最好的童趣。如今 Henri 还会时常怀念她的童年生活，怀念那个美好安宁的村庄。

失臂于爱情

Henri 喜欢那些时尚的女人们，也对西部牛仔感兴趣，等她略长大一些，通过电视对时装有了更多的了解，就常常在暗地里羡慕这种五光十色的生活。她有了人生中第一个强烈的梦想，每天晚上入睡之前，这种强烈的热望总是萦绕在她的脑际，她梦想着有一天会在真正的舞台上演出。不管怎样，胸怀某种梦想，并从梦想的奋斗之中获得乐趣是极有益处的，但 Henri 念的是学术性的学校，没有机会接受专业的表演培训。

终于，在她 20 岁的时候 Henri 向家人提出了自己的梦想——想去学习表演，做一个演员。但她的父亲非常保守顽固，他叫 Henri 别浪费时间在这种事上，那时候的演员并不是一个体面的工作，青年女子投身于演艺事业在当时并不受到鼓励。他觉得 Henri 应该做个对社会更有用的人，就像普通人一样，在那个年代在公司当个女秘书、职员之类的比较适合。父亲就像这样一直给 Henri 洗脑，让她没办法做那些自己喜欢的事——比如画画或其他的艺术形式。

Henri 喜欢画画、表演，她母亲的家族就有着天生喜好艺术的基因，虽然家里有这样的天赋，也曾经出过艺术家，但 Henri 却绝对不被允许从事艺术工作。但身边很多朋友劝她应该追求自己的理想，这对她起到了很大影响，Henri 知道自己已经浪费了太多时间，她开始去学习专业的演绎课程，那里的同学都比 Henri 年轻很多，但班级里的所有人都很暖心地给她加油支持她，没有嘲笑她。这些鼓励实质上给她增添了很多勇气，后来她坚持着又去学了绘画艺术，而她的天份超越了自己的想象空间，当父亲看到她的画时，他终于看到 Henri 的天赋，他非常喜欢 Henri 的作品，这算是是对她迟到的肯定。

想起这些往事，Henri 还是遗憾于没有早早地就去学习，"如果我能够再选择，我希望我能够做出更加成熟的选择，让更多人看到我的画，发展演艺事业，让更多人支持我发展这些事业，我希望遇到爱我的人，遇到支持我的而且在经济上更好的人。我们生活在危险的时代，如果我能做些贡献我还是挺开心的。"

"真正令一位年轻的姑娘跃跃欲试的，是那个酷似奇妙历险一样的生活。你无从预料将降临到你头上的是什么，这使女性们如此振奋。不必为未来而担忧——生物学自然会作出抉择。你在期盼着那个男人，一旦他出现在你的面前，就会彻底改变你的生活。在生活的叉路口上，你可以表露你的心迹，这是激动人心的。"

Henri 的初恋是非常伤感的，十六岁时她和表哥相爱了，在他之前 Henri 从未交过男朋友。他们坠入了爱河，经常互通明信片，她当时在寄宿学校读书，而表哥与她所在的环境背景大不相同，他住在伦敦，那里是艺术的殿堂，他经常去剧院和画廊。而 Henri 生活在乡村，没有太多的见识，他们非常的不同，那时候 Henri 还没去过什么画廊沙龙剧院，所以深深地被他吸引。但是他们的相爱却没有遇上正确的时机，由于各方面原因，Henri 的父母反对他们的交往，他们有了一个遗憾的结局。

之后 Henri 决定离开学校去法国一阵子，她渴望自由的空气，自由的人生，在那里放飞自我，事实证明那是非常美好的一段时光。整个世界向你敞开着，你也许会遇到各种人，也许你的婚姻并不美满，但这更刺激了你的全部情感。你所嫁给的并不是某人的职业，而是有血有肉的人。用老一辈保姆、厨子和女佣的话说："迟早有一天，'有缘分的先生'就会闯入你的生活。"

Henri 二十岁时，她的表姐结婚了，嫁给了一个四十岁的男人，他是一个迷人的绅士，也很英俊文雅，有智慧，非常吸引人。Henri 从来没有想过她会跟他有任何的交际，直到表姐跟别人私奔了。她正好住在那里，那是他最艰难的时光，但 Henri 的陪伴让这段时光也成为他最美的时光。他是一个出版商，他与众不同，收藏各种珍贵书籍，极富魅力。自然的，他们在一起了。他们有一段非常浪漫的时光，Henri 能感觉到他是想和自己结婚的，但是那时的她还很年轻，一直生活在非常安全且受到保护的世界里，还没有感受过真正的世界，她想要探索未知，终究他们没有在一起。但她确实也一直爱着他，他对 Henri 的一生都很重要，两年前因为帕金森病他突然去世了，但是 Henri 一直觉得她们之间还有千丝万缕的联系，她能感觉到他从未离开，一直活在她的心里。

这段感情之后，Henri 又变成独身一人，这时她的一位好友得了癌症，她去到那个朋友家里探望，那天她为朋友做了汤喝，房子里有很多前去探望的人，人群里突然传出来一个声音，"我好像在 longleat 见过你。"随后一个长相英俊的男人向她走来，他看起来非常和善，Henri 能感觉到他的友好，他的名字叫比利。Henri 说："我想喝酒，比利你能帮我出去买一瓶回来吗？"他很快给她带回来一瓶酒，而他们的故事也就从这一天开始了。

Henri 住在巴特西，他经常开车过来看望她，他做了一些让 Henri 印象深刻的事情，最终她爱上了他，"我在巴特西有一栋小住宅，很漂亮，里面保存了我的作品和各种装饰。但这个房子被建的不太好，可以说很糟糕，因为是一个差劲的建筑师接手的。比利来到我的小房子，看了看眼下那一团糟，然后给我哥哥写了十条建议传真过去，我哥哥一看那些建议就知道他很懂建筑，于是我哥哥建议我重新修整整个房子，又找来了工人帮我修葺，比利也来帮忙，我爱上他之后跟他相处的时间都很愉快，在房子里工作，去商场采购，特别有趣。他还给我买了自行车，我们总是一起骑车出去，即便有时候我们出去吃饭，路程开车超过一个小时的地方我们都要骑车去，很傻但是非常快乐。"两人在一起时都心情愉快，交谈时是那样的充满乐趣，无拘无束。

那种快乐时光也持续了好几年。他们经常一起做有趣的旅行，乐趣横生，沉浸在幸福中。他开车带 Henri 一路去瑞士，路上他们带着帐篷露营，去法国的时候尤其难忘，"我们在一条河边驻扎，想在那里露营过夜，到了晚些的时候，他突然想到英国约克郡正在发大水，这让他突然感到惊慌失措，我们的车轮一直在泥坑里打滑，他很是着急，顺手就拿过我从土耳其买来的漂亮毯子垫在轮子底下才把车开出来，最后却毁坏了我的毯子。他说我们必须要离开，否则我们在这儿会淹死的。第二天我们遇到了很可爱的一群法国人，然后我们一起去打猎。"等他们去了瑞士，比利又碰到一些非洲人，因为这些人的描述比利对非洲产生了特别的向往，当即便决定要做计划去非洲。

那时 Henri 的姐姐在非洲，那边正好有一个农场主活动，比利对这趟非洲之旅非常期待，Henri 本想和他一起去，但是他更想要一个人冒险。那个圣诞节 Henri 去了美国，因为没办法和他共享一段激动人心的非洲之旅，有些难过，而且她对比利的那次旅行一直有种不好的预感，但是他自己没有察觉。果

141

然在他回来之后有一晚觉得自己筋疲力尽，他去了医院，诊断出类似蚊子登革热有关的疾病，"那段时间对我们来说是非常艰难的，他难受得呻吟，性情大变，感情波动很大，忽冷忽热，花了很久的时间才康复，但这次生病大大改变了我们之间的关系，这场病可以说隔离了我和他的感情与信任，我很悲伤。"

姐姐说 Henri 应该和比利结婚，而 Henri 也想进入到一段真正的婚姻，但婚姻似乎与她无缘。一次她和比利去了一个美丽的乡村，看到很多漂亮的小房子，这种安宁的生活气息让 Henri 又萌生出结婚的想法，她试着问比利：为什么我们不结婚呢？他的回答是迅速的，甚至没有经过思考，比利很明确地表示他并不想结婚。对他的回答 Henri 绝望了，"我意识到我们不可能结婚的事实了，我们的关系并不可能永远持续下去，这是他自己的决定，我猜也许他想要更富有或年轻的女人，他不想对我负责。即便我知道我们两个关系不会永久，我还是希望我和他结过婚，哪怕是短暂无终的婚姻也是我梦想的。"

慢慢的 Henri 发现他非常钟情中国女孩，他曾经爱上了一个在他们居所附近的中国女孩，但之后听说那个女孩跟一个厨师跑了。她有些怅惘："出于某些原因他不爱我了，潜意识中他把那次得病归咎于我，他好像彻底放下我了，我不知道是什么改变了他，也许就是那次生病让他改变了想法，你知道人们总是潜意识里责备他人，也许吧，我们就只能到此了！我现在，其实觉得有些被比利伤害了，我们再也回不到以前那般热恋的光景了，现在我们虽然还住在一起，但我们已经是两个世界的人了，他常常去见他想见的人，而我只能被他孤独的抛在身后，即使这样，只要他在我家里我仍然觉得我们的关系是亲密的。"

后来 Henri 又碰到一个比她年长一些的绅士，有着良好的教养，拿着奖学金上了剑桥大学，和比利很不一样，他体贴 Henri，懂她，给了 Henri 那种她所需要的爱和关怀，Henri 也确实非常喜欢他，但现在他的身体不好，这位绅士后来搬到了另一个更小的寓所，Henri 想去看他，照看他，不过他觉得照顾他不太现实，因为 Henri 的年龄也大了。

　　Henri 对婚姻很向往，她觉得好的婚姻棒极了，美满的婚姻可以对周围的人树立好的榜样，看着她身边朋友们的婚姻幸福的经营了几十年，并且一直幸福着，这让她深信婚姻是对相爱的人的最好方式。而她也替自己感到悲伤，因为婚姻始终和她无缘。幸运的是 Henri 的生命中仍然有许多关爱的朋友，"我还有非常好的朋友，很幸运能够碰到他们，他们帮我度过艰难岁月，有些比我年轻，但是我们仍然很亲近。"她们是 Henri 的精神支柱。Henri 对她的朋友们很好，和她成为好友之后她有邀请我去到她表兄乡下的庄园或是好朋友的古堡游玩。

收获于友情

　　在 Henri 的记忆里还有另外一位重要的朋友，他就是时装设计师 Ossie。他是个天才服装设计师，60 年代拿到了奖学金，在皇家艺术学院拿到了一等学位，他来自英国北部，威尔士和爱尔兰混血，父亲曾经在海军服役。他总是喜欢创造，在年轻的时候就喜欢做东西，这种天分没有被埋没，因为有一个人帮助他走上了正轨，跟他的父母说，你们的儿子很有创造力，我觉得应该送他去曼彻斯特学时尚。他去了，经历了刻苦的学习，最终学有所成，后来也成为了一个传奇，他的秀如此热门，他的时装发布会前排总少不了披头士（Beatles）的身影，是当时伦敦当之无愧的时装之王。

　　"我八十年代在一个朋友婚礼上经过朋友介绍见到他，那时候知道他名字，对他了解不多。我当时对时尚很感兴趣，他很专业地打量我，说他喜欢我的衣服，非常有趣。他那会儿经济处于低潮，离婚了有两个儿子，我说我住的地方风景很好适合养神，如果你想要休息，可以过来，于是我们互换了电话号码，3 个月后他联系了我说想来过个周末，于是带了自己的狗来，和我在一起度过了美好的充满阳光的午后。我母亲开始不怎么喜欢他，后来他成了佛教徒，他反而和我母亲成了最要好的朋友，他就像变了一个人一样，以前的他有很强的控制欲，后来就变得虔诚和蔼。能和我母亲就衣服啊，花啊，草啊这样的话题可以聊上一整天。"

Henri 相信自己的眼光，对自己朋友能力的信任有时甚至会超过朋友自己。有一天早上我刚起来，就接到她的电话，"Emma，我需要你的帮忙，我不喜欢她们的拍摄技术，而你的拍摄成果是我最喜欢的。"我被她的话吓住了：我从来没有学过摄影，仅仅是因为采访需要，有时自己会给主人公拍摄一些生活类的照片，根本谈不上什么专业，而她需要的照片是一家时装经纪人公司需要的照片，我觉得这样的任务我实在无法完成。挂了电话后我正在考虑要怎么样给她解释：我不能拍摄这样毫不专业的照片送去正规的经纪人公司。但我没有想到的是不到 1 个小时，她就又打电话给我了"我已经到达温莎的火车站了，你给我你家地址，我马上就过来到你家。"可以说是雷厉风行了。

她一进家门，我就被她的行头惊讶到了，Henri 一共带了 7、8 套衣服，一堆颜色各异的头巾，几双高跟凉鞋，一些彩色丝袜。她说需要一整面墙都是白色的作为背景墙，而我家的颜色是非常丰富的，唯独挂满盘子的饭厅有一面白色的墙，我们艰难地挪开了大饭桌，她以风一样的速度换好了第一身行头，像一个专业模特一样以墙为道具摆起了专业的 pose。她的镜头感真的很好，给她拍照也是一件很享受的事情，我只管尽情发挥。果然她对我的照片非常满意，后来在所有聚会上她都向朋友强烈推荐我的拍照技术，结果她的很多朋友

❋ lady Henrietta Rous 和比利（William Adlington）

❋ lady Henrietta Rous 和好莱坞演员 Henri Penzi, Emma Zhong

145

都误解我是摄影师了，我只好在别人问起的时候解释清楚。

对于 Henri 来说，时尚与生活是一体的。有次我和她一起被一个公司邀请去了英国最大的电影制片厂 Pinewood Studio，参加一个为电影平台融资的大型发布会，当天到场的很多都是时尚界人士，以及导演和演员们。我是第一次参加这种和电影有关的活动，看着精致的每一位来宾，好像谁也不认识。而 Henri 当天的装扮像极了从好莱坞走出来的明星，她的出场很快就吸引到很多女性的关注，甚至很多人主动上前来询问她的角色，她把时尚驾驭的游刃有余，现场的年轻女性们也对她仰慕三分。而当晚的活动可谓是非常的精彩，有一个演员模仿迈克杰克逊在台上演绎着火爆的舞蹈与歌曲时，台下已经有一些人已经从座位上站起来，随着音乐尽情地舞蹈。在这种情况下，我旁边的一位俄罗斯女孩直接拉上我往台上冲过去，我们在台上和迈克杰克逊的模仿者一起跳舞，在我们的气氛带动下，越来越多的人也来加入到我们在台上跳舞的行列。而 Henri 当晚穿着高跟鞋，她也上台跳起了火辣的劲爆舞蹈，旁边有人开始鼓掌，舞台上的她可以让人忽略她的年龄，因为她的出色和魅力与年龄无关。就像 Iris Apfel 说的那样：我并没有从皱纹中看到任何负面的东西，相反的，我觉得这是一种勇气的象征。

"我自己试着做些运动来保持自己的体型，我有时去健身房，不过我从母亲那里继承了一些好基因。我母亲喜欢做一些花园里面的工作，她经常保持活力，这样就能对我有好的影响。我父亲和母亲都充满活力，我父亲即使 70 岁还能从小镇当天开到伦敦，到晚年还是满世界跑，他很喜欢开车到处转，每天都在开车，早上六点就起床，对我来说也是个影响，精神和生理都是。"

虽然 Henri71 岁了，但她的身材仍然很好，保持着和年轻时候一样的体形，她总能穿上小号的衣服，让身边的朋友羡慕不已。Henri 纤细的身材是她用心管理的成果，每日少餐少油是她的准则，平时的食谱都非常清新简单，这样有利于身体健康。在英国，很多有阶层的人们自身很看重烹饪，就像你的学历一样，这是一种生活的标准。Henri 在烹饪方面很拿手，每年 Henri 都会举办两次 party，一次是生日聚会，一次是圣诞聚会，食物都是她自己准备。每次来的朋友都在 50 位以上，即使众口难调，但每次聊起她的食物大家都赞不绝口，我也从她的菜式中学到不同的英式制作方法。Henri 和她的姐姐关系很要好，经常相互走动，聚会的时候姐姐也会来帮忙。

Henri 还有着另外一个身份——Air B&B 的房主，你很难想像有一天你在 Air B&B 定了一间房，而推开门迎接你的竟是一位女勋爵，这是一种何等奇妙的体验？这位 7 旬老人依旧散发着年轻人的天真与烂漫，任何事情在她那里都会变得激动人心、富有新意。如果你能够深入地走进她的生活，她对生活的热情将深深地影响你。生活赋予我们信仰和快乐。尽管我们也会偶感失望，但纵观人生，趣味无穷。

愿得一人心，抱得一子归——
本杰明·斯莱德爵士（Sir Benjamin Slade）

在中国，英剧《唐顿庄园》拥有8000万的观看人群。华丽的服饰和繁复的礼仪成为吸引中国观众的亮点。这次我要走近的人物与这部英剧可谓有千丝万缕的联系，从某种程度上说，如果没有他当年的随口一提，今天我们便看不到这部高分贵族生存宝典。

第一次见到本杰明是在米尔顿庄园，当天是我们共同的朋友Henri的70岁生日派对。一开始我对他没有太深刻的印象，即便初次见他就问我会打猎吗？因为在英国，打猎是贵族从古至今保留下来的传统，就像中国人一见面便问"吃了吗？"是一样的道理。今天来庄园的又都是上流社会人士，他们过着类似的生活，话题也都会从日常生活开始，以这样的方式寒暄实属家常便饭。于是，我礼貌性地回答他说我来自中国，在中国持枪是违法的，所以我不会打猎。

我以为所谓的点头之交也就到此为止，没想到他又紧接着问我是否来自中国是否会开车。当时，我有些迟疑。虽说被邀请来的这些人非富即贵，他们的生活不尽相同，但在初次见面便开始刨根问底，追问这样的问题我还是头一次碰到。我们的对话终止于我的年龄，我听到他说了一声："嗯，你太年轻了。"于是我们便再无交集。

后来，偶然的一次机会我在中国看到一条关于一位英国贵族征婚的新闻：现居住在英国萨默塞特郡布里奇沃特的曼赛尔庄园（Maunsel House）的斯莱德爵士无子嗣，他迫切地需要一位能够为他生儿育女的妻子，以便家族香火不断，资产能够顺利传承下去。随后，上面列出了他的征婚条件，其中几条让我感到似曾相识。因为当时准备写这本与英国名人约访的书，于是我便把这位贵族列上了我的访谈名单。后来，我在网上查关于他的资料背景时，发现原来他就是之前在米尔顿庄园遇到的本杰明。

虽然我通过 Henri 的生日派对认识了他，但我们之后并没有什么来往。直到一次丘迪来我家做客时，我同她随口聊起了这条新闻和这位男主。没想到，她非常惊讶地说，本杰明是她的好朋友，如果想要约访的话她非常乐意帮我。一来二去，我这才有了真正走进他故事的机会。

童年往事

本杰明·朱利安·阿尔佛雷德·斯莱德爵士（Sir Benjamin Julian Alfred Slade），被人熟知为本·斯莱德爵士，出生于 1946 年 5 月 22 日，是第七世准男爵，同时也是一名右翼商人。毕业于英国顶级私校米尔菲尔德学校，他是迈克尔·尼尔·斯莱德爵士（Sir Michael Nial Slade）和安吉拉·克莱尔·罗萨琳德·奇切斯特（Angela Clare Rosalind Chichester）的小儿子。随着哥哥罗伯特的英年早逝，1962 年，他从父亲那里继承了准男爵的世袭爵位。

斯莱德爵士是查理一世、乔治二世的直系后代，其家族已有百年历史。从造船业发家，之后世代子孙均靠征战法国而致富。据统计，该家族共产生过 7 位将军、2 位海军司令以及无数位政客。

"我的家族一直都靠征战法国作为事业，如你所知，作为中国人，当你们谈到中日问题时会觉得很微妙，其实英法问题也是换汤不换药，道理是相通的。"斯莱德爵士向我进一步解释道。

"我父亲是最小的儿子，而我又是他最小的儿子，我还有一个叔叔。据我的家族传统，每隔一百年我的家族就会出现一个坏人，而他就是百年一遇的那号人物。"他向我耸耸肩说道。

"我的父亲是顺位继承人，我的哥哥是个战争英雄，本应该将爵位传给他，可惜他在我 12 岁的时候不幸出车祸去世了。第二年，我的妈妈由于始终无法走出哥哥离世的阴影导致她伤心过度也跟着去了。第三年是我的叔叔去世，之前他有男爵名号所以住在大房子里。第四年，我的父亲也离世了，所以我在 15 岁那年成为了孤儿，被亲人们抚养长大。"他顿了顿后感叹道："在四年里我的四位至亲相继离世，这是萦绕我多年的童年噩梦。"

年少无助的他被他的姑姑抢去了所有财产。但由于她没有经商头脑，不但肆意毁坏祖宅，还把多年来整个家族通过征战换来的血汗积蓄全部挥霍掉了。眼看这个家族就要坐吃山空毁于一旦，不得已斯莱德爵士也入伍成为了一名军人，希望能够继续通过征战来延续家族光辉。只可惜他生不逢时，在 19 世纪初期，靠征战法国致富的事业随着和平时代的发展而走到了尽头。

退伍后，他桀骜不驯，是个无人管束的野孩子。于是，在 21 岁那年，他被亲戚送去了澳大利亚。临行前给了他一张单程机票，告诉他说会有亲人去看他，但希望他永远不要再回来了。于是，叛逆少年独自踏上了异国之程。

后来，他在那边赚了三笔钱，不幸丢失两笔后，兜兜转转最终还是选择重返故土。

浴火重生

回国后，斯莱德爵士才发现原来整个家族已土崩瓦解，因为不甘心家族财产断在他这一代，于是，他先是在伦敦金融城找了一份股票交易的工作，之后成为证券投资人，并想方设法地买回了祖宅——Woodlands Castle 和 Maunsel House。

1978 年，出于生意原因，他当时需要得到银行贷款，所以拿庄园先去做了评估，结果却令他大惊失色。"他们跟我说，我的 Maunsel House 欠债已高达 2000 英镑。如果我要贷款，需要更高的估值。"既然已跌到谷底，斯莱德爵士所幸放手一搏。"我很大胆地跟他们谈起条件，我说我原计划把估值的百分比抽出给你们做佣金，希望你们可以多估值，这样一来我好做贷款，二来你们也能拿到更多的佣金，将会是一个双赢的局面。但如果你们估值说它是负 2000 英镑，那么请你们按照相应的约定给我钱好让我走。后来，他们评估公司给了银行另外一个房子的照片，这样我才拿到了一笔高估值的贷款。"斯莱德爵士边回忆边露出了得意的笑容。

1982 年，随着姑姑的逝世，他再次回到庄园，看到除了姑姑生前住的两个房间外其余 1400 公顷的沼泽地和两个庄园一片死寂，他忍不住泪目了。他记得由于那房子太破而没法住人的原因，那时他一年只需缴纳 1 英镑的地方税。后来，我在参观他庄园的时候，在一个卫生间里还看到了那张 1 英镑的税单被完好无缺地挂了起来。

　　由于他的亲戚都很富有，没有人会为了得到他的财产而给予帮助，因此全部事宜他都得亲历亲为。"当时房子里连个能用的卫生间都没有，天花板摇摇欲坠，地板全部腐烂，房间里阴冷潮湿。我需要重新修复它们，中间的过程相当艰辛。"

　　故园重归，他也心中有了根。于是，他开始创业。他和朋友用 200 镑本金开了一家货运公司，用 80 镑买了一个集装箱。让他们没想到的是事业蒸蒸日上，后来开设了分公司，相继做起木材和飞机生意。他们不仅在航空领域做出了事业，技术工程的生意也风生水起。随着生意越做越大，他们选择分开单干。于是，他的朋友保留了飞机生意，而他则保留了建筑生意。

　　随着私人庄园不断被开放或再度利用，斯莱德爵士也找到了自己的出路，那便是利用庄园做婚庆生意。"有名的人喜欢在城堡结婚，因为这里私密性强，再加上传统的贵族服务，为我发展婚庆事业提供了便利。

　　斯莱德爵士希望能向更多的中国游客敞开城堡大门。他的家族历史源远流长，而这栋遍布古董的老宅让很多人一见倾心。"很多英国名流都喜欢来我的城堡举办婚礼或私人派对，我也乐于加入那种特别的气氛，未来我也欢迎更多的中国朋友来我的城堡办婚礼或开派对。"

　　私下里，他也有一些很神秘的中国朋友，"我之前有一个朋友在银行工作，他们的银行管理着澳门赌王何鸿燊的资产，有一天他打电话说，'本，我需要你的帮助，何鸿燊的小女儿 Sabrina 在英国，能请你帮忙陪同她在英国游玩吗。'当时他的小女儿才 26 岁，我就带着她去 Royal Ascot（皇家埃斯科赛马场）去看赛马，她玩的很尽兴，一大帮香港的媒体早早的守在了那里，我也顺便跟着她出现在了香港的新闻里。"说罢斯莱德爵士很开心的笑了起来。

　　在参观这两处庄园的过程中，我发现它们别有洞天。建于 1810 年左右的

本杰明男爵

Woodlands Castle 是一栋带有浓郁摄政式风格的建筑，优美的自然环境和恬静的乡村生活使它现在成为抢手的结婚场地和度假胜地。

不过，斯莱德爵士大部分时间居住在另一处较大的私宅——Maunsel House。这是一处建于 13 世纪的庄园，包括农场、湖泊、森林、胡桃林、果树林在内总占地面积约 2000 英亩。其中，内设的酒吧是整个庄园最古老的部分，可追溯至 1066 年之前。除此以外，有些随处可见古董则可追溯至罗马时期。

历史上，许多名人曾在此留宿。第一位在这里居住的名人便是阿尔佛雷德大帝，之后还接待过玛蒂尔达女王和国王约翰。十四世纪九十年代初，诗人乔叟在此居住长达十年。英国最著名的《坎特伯雷故事集》便是在他留宿 Maunsel House 期间，通过参考当地的人物形象完成的。现在庄园内的图书馆还保留着当时乔叟写作时用过的桌椅。

爱情买卖

"你看过《唐顿庄园》这部英剧吗？你知道吗，这部剧的灵感其实来源于我。"

我睁大眼睛，等着他向我娓娓道来。

"我认识那个写剧本的人，我给他提过写这个题材的建议。因为在英国，每个贵族都需要男继承人，因此如你所见，整个故事就是围绕一个男继承人展开的"，他顿了顿接着说"我也需要一个男继承人，这就是为什么我需要找到合适的妻子。"

唐顿庄园原名为海克利尔城堡，斯莱德爵士和这座城堡的不解之缘不止于此。在上个世纪九十年代，在他与结发二十多年的妻子波林·迈伯勒（Pauline Myburgh）以她养了 17 只猫影响婚姻生活而离婚后，与菲欧娜·艾特肯（Fiona Aitken）有过一段恋情。后来她成为了"唐顿庄园"的女主人，而他们的那段感情有一个戏剧性的收场，成为当时街头巷尾的话题热点。

"我有一条狗，是我之前的岳母留给我的。这条狗继承了她的 5 万英镑，而我是这条狗的合法监护人。后来，菲欧娜绑架了我的狗。然后，我就和她打官司，起诉费全部来自狗自己继承的财富，听说，狗打官司这个故事还被编排成了电视剧呢。"

在斯莱德爵士货运生意正发展的如火如荼时，他与克里斯汀·休斯（Kristen Hughes，出演过电影《魔宫奇兵》）相恋直至她跟自己的工人跑了。对于这段感情，他耸耸肩说道："实际上我对失去那个工人更感遗憾。"后来我才得知，原来克里斯汀无法生育，当时给斯莱德爵士造成了不少压力。

他之后又试图和几个女朋友要孩子，但均以失败而告终。从那以后，他便冷冻了足够九个月用的精子，防患于未然。"我是这样想的，如果我找到一个中国的北方姑娘结婚，即便她不喜欢我日益衰老的外表，但依然可以采取人工受精的方式怀上我的孩子"，斯莱德爵士说。

实际上斯莱德爵士也有遇到过倾心的人，谈到这段感情时，斯莱德爵士显得有些无奈。她是俄罗斯人，她为俄罗斯的一位富豪工作，那位富豪排名全世界第 600 多位，她也因此平凡接触上层社会人士。她有私人助手，在打猎时帮她上膛，并给她开车当司机。她还曾经与俄罗斯总统普京一起上过英语课。"她非常聪明漂亮，射击技术精湛，堪称完美伴侣，我很爱她。但最后她还是甩了我。"

我被他与日俱增的面容苍老和丝毫不减的结婚欲望所迷惑不解，他看出了我的困顿，向我解释说："结婚这件事对我而言是非常重要的，为了避税，也为了家族资产、土地和头衔后继有人。"

除了考虑家族血脉外，随着年岁渐长，眼下他独自一人应付大大小小的事情也感到不堪重负。

运作庄园是一项很庞大的工程，庄园内现有五六十位工人，而且大部分为女人，她们不太好管理。还有一些建筑工程要做，即便是庄园小修小补也需要很充沛的精力，需要有专人来管理。如果能有一个与众不同的女人来帮他管理家业和财产，那他便能够有更多的时间去郊外打猎，去伦敦会友，无事一身轻地安享晚年了。在他的城堡的酒吧里藏有 100 多支猎枪，打猎是他此生的挚爱。

"她需要懂园艺、盥洗，知道怎么组织派对，还要会选菜单，会装饰卧室。我需要女人来选择窗帘和地毯，女人知道艺术品该挂在哪里，我需要寻求她的意见"。斯莱德爵士继续说道，"而且女人因心思细腻如丝，还可以看穿谎言。例如，若有人拿着很好的简历来找我，但那上面全是胡编乱造的话，女人们只要看一眼便能查明。男人们却太蠢了，看不出真假。"

他向我说起自己的前女友克里斯汀，当时他在处于行业转型，准备开办自己的婚庆公司。克里斯汀到处咨询，关于花、蛋糕等等琐碎的小事，在身后给予了他很多的帮助。女人最懂女人，她知道其他女人们正在想什么或最需要什么。他希望未来的伴侣能够"上得厅堂，下得厨房"，在生活中互助，在事业上相伴。他希望他们之间的关系不仅仅是爱人，更是齐头并进的伙伴。

他非常看重另一半的智商。在他看来，孩子会遗传母亲的智力和父亲的外表，为了后代着想，另一半的智力非常重要。她应该知道什么时候需要做什么事情，比如孩子哭了，她应该知道如何迅速将他安抚好。孩子需要女人，房子也需要女人，她们总是有惊人的能力，仿佛给房子施了魔法一般，让它从里到外焕发生机。

非诚勿扰

"如果有这样一个女人，她既能帮我上膛，帮我养狗，还能在派对之后开车载我回家，那人生简直完美。"为了寻找到这个真命天女，斯莱德爵士没少下功夫。他"恨娶"的大名不仅在英国家喻户晓，在全世界也是如雷贯耳。

他在意大利、西班牙非常出名，因为那边的电视台曾经有过一档节目，为他找了 40 个想和他结婚的女性。他们把 3 位女性同时放在屏幕后面，斯莱德爵士则需要在不看她们的前提下盲问几个自己最关心的问题。他一上来便问她们会不会开直升飞机，会不会开车，有没有射击执照。一圈回答过后，他才开始问些寻常问题，比如星座、国籍、情感经历等等。

当主持人问他为什么这个女人必须会开车时，他回答说这样她才能开车送他去参加各种派对，然后再把他接回家。当时底下的观众一片唏嘘。"在英国必须说正确的话，否则很多人会不高兴的。"斯莱德爵士解释说。意大利做这个电视节目时，他就想把那些女孩都弄来英国开个派对，测验一下她们。"这就好比你买个新车总要测试一下才敢上路吧"，他继续说。至于如何测试，他说可以通过跳舞社交来完成。"男生只要跟女生跳支舞，就什么都知道了。"

除了欧洲大陆，他在南美洲也很出名，甚至在盛产美女的乌克兰每天都有很多女人给他发照片和邮件。有些女人为了要钱，还会发假照片给他。因此，他处理这些邮件都格外谨慎。

即便是经过了面对面相处这一关，斯莱德爵士对后续的把控也相当严格。Maunsel House 有个内设酒吧。有一次他为了多卖酒，打开了一支很棒的冰

※ 本杰明男爵在 Maunsel
House 前

❀ 本杰明男爵和
作者艾玛

❀ 本杰明男爵在
Maunsel House
里的国王房间里

160

酒，因为当时在场有很多女人，而女人都经不住夸赞，他告诉在场的女人她们都很漂亮，她们都很开心，酒也因此卖出了很多。那晚，他很开心也喝了不少酒，一次性向 3 个女人同时求婚，希望她们能够搬来这里住，为他延绵子嗣。在酒精的作用下，他觉得那些女人个个美丽动人，一种神秘的力量牵引着他让他大胆求爱。当晚，他便获得了两位女士的肯定答复。但第二天早上酒醒后再次见到她们时，他发现她们看起来也不过如此，当即便后悔了。于是，他随便找了一个借口先打发掉了她们。其中一位女士给他留下了电话号码，但后来他从没给她打过。

之前，有一家美国电视节目专门过来采访他。在他们完成节目临走时，斯莱德爵士开玩笑说道希望他们能在美国给他找个男性亲戚来继承他的财产。结果他们当真找了 3500 个同姓的人，甚至还有一个镇子的人全是姓斯莱德的。他们说光电话簿上就有很多"斯莱德"，不过有 90% 的斯莱德姓都是黑人。有一段时间，他收到了很多黑人的来电。

美国有个顶级的流行歌手和他的 DNA 是最近的，但由于这位歌手太忙了，每年要发行数万张唱片，并且他说他的朋友都在美国，他有自己的生意和事业，不想要斯莱德爵士的城堡和财产。另一个 DNA 相近的则说他在美国有很大的棉花农场，并不想为此去英国。在犹他州，他找到一群和他同姓的人，他们不抽烟不喝酒，不开派对，个个都是工作狂，他们也有很多孩子，但都很有钱，也不需要他的财产。除此以外，他还收到过来自加拿大、澳大利亚的同姓人来跟他联络。

还有一次，一个西班牙的派对公司想要给特斯拉的一款新车开发布会，他们找到了斯莱德爵士希望能和他一起搞这个新车发布会派对。他们的计划是邀请 400 位人士，从晚上 10 点一直狂欢到早上 10 点。结果新闻媒体都以为是斯莱德爵士要找 400 个女朋友来开狂欢派对，根本没有人在意是什么品牌的新车即将上市。后来这件事情被传的沸沸扬扬，"我本来想借此收主办方每人 120 镑（有钱人收 200 镑），结果全被这一乌龙事件给搞砸了。"他向我哭笑不得地讲到。

现在他也不再随便上电视节目或呼朋唤友来家里做客了，他开始借助自己的婚庆生意，当有顾客办婚宴时他便加入，跟他们一起喝酒聊天，从来宾里看看是否有合适人选。

谈到这里，我忍不住询问他的那些征婚条款究竟是怎么想出来的。因为在我看来，有些条款相当荒唐。比如国家字母以 l 开头的不行，但意大利和印度除外。又比如说国家国旗有绿色的绝对不行，因此意大利和印度还是不行。他向我解释说，因为之前做货运生意，很多新顾客来自带绿色国旗的国家，据他来看，这些客户经常破产，所以他不喜欢和国旗带有绿色的国家做生意。他可不希望看到自己的庄园交给一位没有财运的女主人管理。

冬天不穿大衣的国家不行。这条也是根据之前做生意经验总结而来。如果和来自不穿大衣的国家的人打交道的话，他们欠钱的时候会很高兴，还钱的时候则会非常不高兴。相比之下，冬天需要穿多层大衣的北欧人就不同，他们欠债不开心，还清后则会非常开心。所以在生意场上他只跟冬天穿大衣的人打交道，在情场上他也非常看重这一点。

"如果我找到一位心仪的妻子，当然希望她能生个儿子，两个儿子更好，因为我有两个城堡，但如果只生女儿也是不行的，因为女儿虽然可以继承财产，但是头衔是个问题。如果我把财产都给了女儿，当她结婚后这笔钱财便会流进她丈夫的口袋。祖宅则是另一个问题。在我看来，女人结了婚应该去丈夫家住，如果找个男人回来住，这对男人是不公平的。因此，如果有个女儿的话，我会在伦敦给她买套房子，送她去上最好的学校，跟优秀的人接触，找到爱她且优秀的丈夫。但如果把两个庄园都交给她是不行的。所以说到底，我还是需要有个儿子来继承头衔和两个庄园。"斯莱德爵士很决然的在描述着他的担心。

他喜欢恋旧的女性。他跟我解释道，"我知道我们（英国）和中国文化很不一样，中国人喜欢新的东西，不喜欢固守旧物。但也有一些人喜欢老的传统文化，这和你们有很长久的历史有关。"他继续说，"你看，中国人喜欢祭奠祖宗，英国人也是如此。我的房子里摆满了有上百年历史的古董画像。我的资产里有很多历史文物，我的房子里塞满了你到商场都买不到的'垃圾'。"他希望有朝一日能碰到喜欢这些旧东西的中国姑娘。

"就像 Clarks 鞋一样，很多中国人提着大包小包来这里扫购，因为可以省去大笔关税。我最近正在考虑也许我收藏的古董能成为建立中国市场的新生意。"一位做古董生意的朋友曾跟他说最好的古董已经被中国人买走了，剩下的都是不怎么好的，但当时他还是买了一些，眼看它们如今也升值了。"如果我有一个中国妻子，即便她不能帮我上膛（因为在中国不允许持枪），但我的生意应该会非常兴隆。"

他喜欢高个子的女人，因为他说他的的祖先就是取了矮个子的女人，结果经过两百年后他们才高了一点。"有一次经朋友介绍我去见一个女朋友，她很高，所以我在车的后备箱里放了一个穿上衣服的很漂亮的假人，让她感觉有竞争力。"他很风趣的和我们在分享着这些奇特的经历，当然他的相亲路从来就没有间断过。

他不喜欢同性恋和吸毒的。有一次，一个荷兰人打电话问他为什么不喜欢同性恋和吸毒者，他回答说，同性恋不能给他生孩子，而海洛因则是因为太贵了。除此以外，星座是天蝎座的也不行，因为她们大多意气用事。"我很简单，我喜欢钱财、权势、成功、性爱和酒精。如果我把一些可笑的征婚条件去除后，应该还是可以找到合适人选的。"斯莱德爵士笑一笑说道。

整个下午，和他聊天是一件令人愉悦的事情。作为一位绅士，他行为举止彬彬有礼，嘴里时不时地还总能蹦出几句令人捧腹的金句。他随和风趣、头脑清晰，城堡里每一幅画和藏品背后的故事他都记得一清二楚。他精通历史，甚至对中国的历史都有深入了解。在聊天过程中，他常常会跟我用中国的例子来类比，并对中国的传统文化赞赏有加。

现在，他有时也会收到来自中国女士写给他的邮件，他也很愿意能够寻觅到一位中国妻子来帮他生儿育女、打理财产、料理起居。

"我需要两个儿子和一个妻子，仅此而已。"他一本正经地对我说。他希望所有的家族产业都能在他之后得以世世代代延绵。

野生王国的花花公子——巴斯第七世侯爵 亚历山大．赛恩（Alexander Thynn）

　　为了这次的采访，我提前用一周的时间日赶夜赶的看完了《唐顿庄园》。此前，我对贵族生活没有什么概念，对古堡背后的人情世故更是两眼漆黑。为了不显失礼，也为了好好把握这次难得的机会，我一边恶补这部堪称贵族行为指南的英剧，一边模仿剧中人物的言谈举止。

　　这位让我在采访前就处处谨小慎微的人便是巴斯第七世侯爵——亚历山大·赛恩（Alexander Thynn）。1932 年 5 月，亚历山大·赛恩诞生于伦敦，随后成长于他的祖宅朗利特庄园（Longleat House）。这座伊丽莎白时期的建筑至今已有超过 400 年的历史。除了城堡本身是英国早期规模最大的文艺复兴建筑之一外，庄园内设的野生动物园更是在上个世纪 60 年代成为非洲之外世界上最早的野生动物园。

　　侯爵天性浪漫喜欢绘画艺术，曾经是英国上议院议员，也是作家。他有一位妻子及 73 位情人，而丘迪就是他的情人之一。在丘迪的安排下，我才有机会采访到塞恩侯爵。在去之前，我们提前聚在 Batharm 酒店里，丘迪对我的采访问题一一审核，太过于隐私的都不被允许，然后她再三叮嘱了一些注意事项，尤其是称呼。见到侯爵应该称呼为"My Lord"，侯爵夫人要称呼"My Lady"。该遵守的礼节一点都不能少。

虽然有丘迪的力荐，再加上我提前做好功课，面对他时我本该自信满满。可是，当那座城堡的大门第一次向我打开时，我内心却有些惶恐，生怕自己的一言一行有失体统，从而影响采访进展。我在脑海中不断温习着与贵族打招呼的方式和仪态，希望能在西方人最看重的"第一印象"环节顺利通关。

昏暗的视线，长长的走道，甚至连我的脚步声都显得那么的震耳欲聋，我突然打颤起来。随着侍者的一声通报，我被拽回现实。当这位我需要称之为"My Lord"的神秘人物出现在我面前时，之前的担忧一股脑儿地不欢而散。因为年岁已大而腿脚不便，他远远地坐在一个弧形办公桌内，没有照片看上去那样威严，反倒像是一位和蔼可亲的长者，一种莫名的亲切感油然而生。

正式打过招呼后，我坐在弧形办公桌外对他进行采访。因为相隔较远，我每问一个问题都需要扯着嗓子大吼，他才能听见。这样的一问一答算不上聊天，倒更像是在银行窗口隔着防弹玻璃办理业务。第二个问题问完，他始终彬彬有礼地回答我抛出的问题，但我能感受到，他对我还很陌生，还没有敞开心扉。没再多想，我站起了身，对他说："请原谅我，my lord，我可以冒昧地向您请求坐在您的身边吗？因为我想和您有一个真正的聊天，并且保证不是用吼的方式来聊天。"

"当然可以，请你坐到里面来，我很愿意。"侯爵笑眯眯地回复道。之后，我们便开启了最为舒服愉快的聊天模式，而我整个人也回到了放松的状态，得到的答案也更为深入有趣。他对我们的到来显得格外高兴，我想是很久没有外界的人来探访他了，他滔滔不绝地和我们聊着过往和如今的事情，显得精神抖擞。面前这位彬彬有礼的老绅士、这位坐拥一座野生王国及三千佳丽后宫的老

❀ 丘迪与艾玛在
朗利特庄园

公子哥到底生活在怎样的花花世界呢？我带着这个问题走进他。

花花公子

都说侯爵的父亲，即巴斯第六世侯爵是最"胆大包天"的贵族，因为他是第一位将自家祖宅对外开放的贵族，同时他在庄园里建的野生动物园在上个世纪 60 年代成为非洲之外的全球首家野生动物园。不过，在拜见过现任侯爵后，我才明白什么是有其父必有其子，甚至是有过之而无不及。

2009 年，巴斯侯爵在《星期日泰晤士报》富豪榜中排名第 359 位，估计其财富为 1.57 亿英镑。除了高贵的出身和优质的教育外，侯爵从小便对跨领域行业展现出了过人天赋。在按部就班地走完贵族成长的必经之路——伊顿公学后，他于 1951 年作为中尉被委任为救生员。随后，他前往牛津大学一边接受前卫队军官的教育，一边担任 Bullingdon 俱乐部的主席，可谓是学习社交两不误。

与所有大学生一样，那时的他只要有空闲就去欧洲各地旅行。在此期间，他常常拜访巴黎的艺术院校，学习绘画和服装设计。后来，这段多姿多彩的经历成为他打造花花世界的灵感源泉。在英国，几乎每个庄园都热衷于在墙上挂满世界名画，以突显这个家族的艺术修养，朗利特庄园也不无例外地被或大或小的油画和壁画填满，只不过这些壁画都出自侯爵本人之手。当别人只能待在屋里通过别人的画看世界时，侯爵则亲手创造他的世界，带着观过世界的世界观来描绘其香艳人生和情爱履历。

1992 年，他继承了父亲的爵位，并顺理成章地成为上议院的自由民主党派人士。他那颗不安分的心促使他一生倡导权力下放，让人民有更多的自主权和话语权，直到他在工党政府改革贵族政权世袭一事中失去了在上议院的位置。

从此，他便过起了世外桃源的生活。1969 年，他与出生于匈牙利的女演员安娜·盖尔（Anna Gael）完婚，婚后他们育有两子——Lenka 和 Ceawlin。婚后，安娜大部分时间都居住在巴黎。他把主要经历放在家族资产管理上，其余时间都用来艺术创作和情感碰撞。早在采访之前我就听说这位侯爵交往过 73 位情人，其中包括一位中国艺术家，并且大多数感情都发生在婚后。更让我无法想象的是他为每一位情人都创作过一幅壁画，并且将它们排列好悬挂在一整面墙上。我对这种看似"有失体统"的情感生活充满好奇，想要亲自一探究竟。

后来在丘迪的安排下，我跟着一群朋友再次前往朗利特庄园拜访他。一回生二回熟，对于我们的到来他感到非常开心，叫侍者拿来上好的红酒，然后不拘小节地将它直接倒在啤酒杯里饮用。觥筹交错间，他又特别吩咐侍者稍后带领我们深度参观整个城堡。我也因此第一次有了这样的特权，能够进入到侯爵最私密的部分空间。

侍者为我们拉开了电梯的铁栅门，目之所及皆是历史遗留的痕迹。这是我第一次乘坐只在电影里见过的铁栅电梯，嘎吱嘎吱地开拉门声带给我一种恍如隔世的错觉。下了电梯，穿过一些布置精致奢华的房间后，我们在一个旋转式楼梯的地方停下。我环顾四周，发现整个墙面上挂满了女人的画像，在每一个壁画下面都有编号、名字和时间如"1990-1995"。墙上的壁画像我一一看过，但仿佛看到的是同一个女人，是一个女人在坠入爱河后最美好的模样。

虽然在现实生活中，这些女人面不和心更不和，她们背地里互相厌恶、互相嫉妒，若是正面交涉则只会把气氛搞得乌烟瘴气、火药味十足。都说嫉妒的女人最可怕，但恋爱中的女人最美好。侯爵通过这种方式让爱情永久保鲜，所以只稍在这里待上一会儿，你便能休会到生活明朗、万物可爱。

随着不断深入的聊天，我渐渐明白虽然侯爵看起来妻妾成群，但其实他常常会感到孤独寂寞，这与他的成长背景有关。侯爵与父亲的关系一直非常紧张，父亲行事专断，母亲长期不忠，父母多年不合导致的离婚影响了侯爵的性格养成。他无法将自己的爱完全寄托在一人身上，也不认为真爱很容易找到。在他看来，找到真爱就像找到仇恨，都是两个人之间的一种极端相处模式。任何一段感情，有相爱一面，一定也会有相恨的一面，所以他从不付出真心。

第 67 号

我待在那里一遍又一遍地看过，双眼最终停留在第 67 号画像——"丘迪"（Trudie），即侯爵的第 67 位情人。

画上丘迪的神色和她本人如出一辙，我看到的不只是一幅人物肖像画，更是一种当时的感觉。丘迪很开心地看了看墙上的壁画，然后站在我面前请我拍一张她和画像的合影。岁月没有在她脸上留下任何痕迹，我看到的是仍然处于热恋中的少女最炙热的感情。于她而言，爱过，足矣。她选择用一生来守候这份纯粹的爱，给予不论回报。

丘迪的性格非常好，开朗、外向，随时都是笑脸迎人，也因此积攒了很好的人缘。我记得第一次与她相识便是通过朋友 William Adlington 先生的引荐。那天，我和克里斯在英国自由民族党俱乐部喝下午茶，William 带了他的一位女性朋友来加入我们。当这个女人一进来，我就被她那张高冷而美丽的面庞所吸引。虽然她有 60 多岁了，但一身粉色套裙将她包裹得更显身形。也许是我盯视过久的缘故，她很快也注意到了我，并用不友好的眼光上下打量着我。我能感受到她对我的防备，我想一定是因为 William 跟她提起过我想去采访巴斯侯爵的事情。她不清楚我的采访目的，对我又不甚了解，于是眼神充满警惕。

克里斯在旁边为我捏了一把汗，他在旁边小声地说道："她好像特别不喜欢你，你要怎么和她沟通去采访的事情啊？"我说："不用急，这种性格的人是冰火型的，不喜欢你就对你酷如冰霜，喜欢你会对你热情似火，我们先聊聊看。"William 在旁边又用英式幽默调侃我："我早就告诉你了，只要是年轻女人她都痛恨，我也没办法。"

果不其然，我旁敲侧击先从身材保养方面和她闲聊，在得知她曾经是职业模特后，开始和她探讨保养秘籍，就这样我们渐渐熟络起来，她开始主动跟我讲述她和侯爵的故事。

丘迪出生于毛里求斯，随后跟随哥哥来到伦敦生活，希望可以去看看更大的世界、拥有更广阔的人生。21 岁那年，丘迪还只是一名刚刚通过考试开始在医院实习的护士，她一直以为靠着自己的热心服务，能成为心目中最美的南丁格尔，直到她在国王十字医院里遇到了英国的一名模特经纪人。

"你疯了吗？你怎么可以在这里，你应该成为模特出现在秀场上。打给我，这是我的名片。"

丘迪就是拿着这张让她可以改变一生的小卡片，一直犹豫不决。"我觉得我不漂亮，我怎么可能做模特呢，连我自己都不喜欢这张脸。"

但有些事情是上天早已注定好的，这是她的必经路。她没有抵制住那个模特经纪人的诱惑，终于鼓起勇气拨通了卡片上的号码，从此她便走上了职业模特的道路。她活跃在各大 T 型台上，虽然没有经验但她独特的脸孔让她成为时尚杂志的新宠儿。

每一个女孩在那个年龄都有最美丽的梦想，丘迪也不例外。她一直在等待人生中的奇迹，就像当初从医院到 T 台上一样，而这次是期望爱情的奇迹。虽然身边有众多追求者，但都不能打开她的心扉。即使外面聚集了无数的镁光灯让她成为万众瞩目的焦点，但在心里她只想成为爱人的唯一，她还是在等待，等待那个对的人出现。

这一天，在意大利的文化中心，她在大厅里面和朋友正谈论着意大利的艺术，当她用眼角的余光扫视门口时，一袭绅士装扮的男子像闪电一样出现在了门口。丘迪的整个眼睛和注意力瞬间集中在了这位男子身上，他太迷人了，尤其是脸的轮廓，和那种从贵族身上散发出的吸引力。他自信、优雅、不俗的穿着，看起来不像普通人。很快丘迪也吸引了该男子的注意力。随后，她知道了他的名字叫 Alexander。

"我是丘迪，希望你还能记得我，我已经回到伦敦了。"

"很高兴等到你的电话，我希望能有荣幸邀请你来渡个周末，我可以派司机来接你。"

"噢，不，不，我想我还是不要去你家，我希望我们在伦敦见面。"

"你不需要为你的安全担心，因为我的妻子也在家。"

这是第一次丘迪答应了他的邀约，而听到"妻子"时她有点小失望，但又期待和他见面。她从伦敦坐火车来到了巴斯，他的司机已经早早等在了那里。当她进入到庄园的那一刻，她却被眼前的情景所惊呆。刚入园就能看到很多的野生动物在河边的草坪上奔跑，而前方耸立的城堡让她犹如在梦境中一般。这是梦吗？

"请你告诉我这是哪里？"她小心翼翼地询问司机。

"你不知道吗？你真的不知道吗？"司机露出比她还惊讶的表情。

"我真的不清楚，请问我要见的人是住在这里吗？"

"你真的不知道这里是哪里，要来见谁吗？"

"我只知道他叫 Alexander……"

"Alexander 侯爵是这个家族城堡的主人。"

就这样，丘迪像做梦一般在那里度过了一个周末。这期间，她遇到了侯爵的一位情人，对她充满敌意，说话咄咄逼人。侯爵问她是否愿意做他的女朋友。一开始丘迪是拒绝的，因为他们的世界太不一样，后来在他再三追求下，丘迪同意了。虽然百般犹豫，但终抵不过爱情的命运。

直到现在，他们依然保持着亲密关系，丘迪也见过她的一些女友，虽然明白这个目前深爱的男人不可能视她为唯一，但丘迪选择用一生来守护这个男人。她不后悔，认为都是很美好的经历。她感谢他能够带她去参加各种鸡尾酒会，以及和皇室见面。他有很多女人，也不会掩盖，既然没办法改变他，那就只能接受。如果她见到很美也很优秀的女人，也会欣赏她。但是有些女人会十分嫉妒，她们会要求他抛下丘迪，但是作为女人或者人类，因为另一个人的介入而被放弃本身就是很难的事情，所以她只能选择维护好自己的位置，遵守这个游戏规则。

"有些人来了，有些人走了，我从来没有干涉过她们，但是我一直在这，"丘迪笑着对我说。

即便如此，丘迪经常感到没有安全感，"你和一个男人在一起，似乎有未来，但是未来又不那么明晰"，她向我无奈地说道，"我想要爱别人，想要被爱，但我不能经常和他在一起。如果他的妻子在，我不能去；如果他的其他女伴在，我不想去，她们戾气太重，容易萌生嫉妒"。

为了让生活更稳定些，也为了活得更有尊严，丘迪从不把时间浪费在与其他女人勾心斗角的夺宠之战。从模特圈退役后，她再次回到医护领域，完成最初的梦想。她的经济来源都来自以前从事模特赚到的钱，并用这些钱买了一处住房，当然固定的收入还有自己从事护士所赚的钱，她在自己养活自己。

"我靠自己生活，从不依靠其他任何人"，丘迪扬着脸对我说。

现在，她住在朗利特庄园外的一个独立房子，也属于侯爵的财产，出了庄园的大门后沿着乡村小路走上五六分钟便可到她家。小房子坐落在安静的野外，松鼠、狐狸是花园里的常客。丘迪已经习惯了这种安静的生活，自己种种花草，喝喝下午茶，安娜不在的时候就去城堡陪侯爵聊聊天、吃个饭，而她每周有几天还需要回到伦敦工作，因为护士生活是她最大的经济来源。

从一开始的警惕到现在我们已成为多年闺蜜。她在伦敦工作的时候，有时会过来我温莎的家里，我会为她做素食，她最喜欢的一道菜是四川的素麻婆豆腐，也很喜欢清油火锅，她有计划要去中国旅行，当然第一站首选是我的家乡成都，我给她看过很多关于四川风景的照片以及四川美食的照片，她兴奋的尖叫，一个劲说那是天堂。

偶尔也能看出她内心的落寞，我有时不忍心会问她，如果再给你一次重新来过的机会，你是否会选择这段爱情。她总是回答我说，不后悔自己选择的爱情，虽然遗憾和婚姻无缘，但人生就是这样，没有完美的事情，更没有完美的爱情，而她却有了很完美的经历。她在侯爵的后宫历史上留下了珍贵的一笔，而多情又多才的侯爵亲自为后宫的每一位女人做了一幅壁画并为她们编号。丘迪是情人墙上的第 67 号，这是侯爵对这段爱情最好的纪念方式。

野生王国

在进入朗利特庄园之前有一条长长的大道，两边都是草坪，能看到美丽的

❈ 侯爵的朗利特
野生动物园

❈ 侯爵与丘迪

❋ 丘迪和墙上第 67 号的壁画
（侯爵给她做的壁画像）

❋ 丘迪家中摆放着她与
侯爵的早年合影。

❋ 艾玛在朗利特庄
园采访侯爵

❋ 朗利特庄园的内部

琥珀和远处的灌木丛林，只可惜现在是冬天不能看到野生动物了，因为在冬季整个野生动物园是处于关闭的状态。远远的你就能看到有伊丽莎白建筑风格特色的朗利特城堡，我们一面走着一面听丘迪给我们分享当年她第一次踏入庄园的震撼心情，她，对这里的一草一木都是有感情的。

英国不缺雄伟壮丽的私人庄园，比如因简·奥斯汀而闻名的查茨沃斯庄园、丘吉尔诞生地的布莱尼姆宫等。不过，这些庄园能够进入我们的眼帘都要拜一人所赐，即亚历山大的父亲、巴斯第六世侯爵。他所拥有的朗利特庄园位于巴斯附近的 Horningsham 村，占地约 400 公顷。除房屋以外，还有约 1600 公顷的农田和 1600 公顷的林地。其园林景观是由英国知名的"能人布朗"（Capability Brown）亲手设计完成的。

第六世侯爵是第一位将庄园常年对外开放的贵族，虽然一开始他的这种做法招来了贵族们的一致反对，认为此举会破坏私密性。但后来他们发现这种对公众开放的方式不仅没有影响日常生活，反而随着公众的到来，人们将所见所闻口口相传，给活在历史中的建筑赋予新生。

我们跟随着丘迪上到了整个城堡的屋顶，上面不仅有最壮丽的俯瞰视角，而且还藏有一个私人花园。房顶上有一条 2 米宽左右的露天通道，可以绕着整个城堡走一圈，有一点像城墙上的感觉，不一样的是站在屋顶上你能感觉到你尽收眼底的一切都是他的世界。第一次知道了走在屋顶上的感觉，第一次体会了英国阶层的含义。

回到城堡内，我们被邀请去参观城堡里最私密的空间——侯爵的卧室。早有耳闻，他用印度电影《爱经》里的色情场景装饰他的房间。一进入到那个房间，我就被墙上的壁画震撼到了，那是侯爵的杰作，整个房间被色情艺术的壁画包裹着，这是人性的艺术天堂，我惊讶于他对艺术的想象空间，更惊讶于他灵活生动的表现风格，单从艺术角度来说这绝对是一场艺术的视觉盛宴，私以为这是最高级的色情艺术表现形式。

朗利特庄园除了是英国首个对外开放的贵族住宅外，更是上世纪六十年代在非洲以外建立的世界首个野生动物园。从最初的 50 头狮子，发展壮大到如今的"非洲小草原"，各类大型野生动物在此处安居乐活。

侯爵常常称自己为"实验者"，他开拓创造的脚步从未停止。除了城堡内部装饰、私人花园以及野生动物园，现在还有鸟园、蝴蝶园、儿童乐园以及欧洲最大、世界最长的紫杉树篱迷宫。据说，平均一个人要花费一个半小时才能找到出口。在庄园不远处，人们还可以体验乘坐探险船去看河马、喂海狮，也可以选择体验老式火车，在茂密的丛林间往来穿梭。

不论你来多少次，朗利特庄园总能带给你意想不到的惊喜，让你的每一次到访都成为一期一会。世世代代的巴斯侯爵仿佛一脉相承着"胆大包天"的血脉，侯爵的儿子查乌林子爵（Ceawlin）也总是会做一些令人意想不到的举动。

2010 年，侯爵将业务管理权交给查乌林。2013 年夏天，查乌林和艾玛·麦奎斯顿（Emma McQuiston）完婚。艾玛的母亲是英国人，父亲是尼日利亚人。在不久的未来，她将会成为英国历史上第一位黑人侯爵夫人。自 2014 年，子爵夫妇每年都会在朗利特庄园举办彩灯节，一举解决了冬季庄园因关闭野生动物园而导致游客访问量下降的问题。彩灯节期间，每天都会有数万名游客远道而来。去年彩灯节，朗利特庄园内共摆放了 3000 盏灯笼，睡美人、灰姑娘、狮子王等主题灯展不仅吸引了周边的民众，更有外地的游客前来观赏，让原先沉寂的庄园之冬成为欢乐的灯海。

侯爵向我回忆道，他此生最引以为傲的成就便是一直用心经营这个庄园，总是能给人们带来惊喜，没有让人们失望，并希望他的儿子能够将这份家族荣耀好好传承下去。当我问起，如果有机会重新选择，是否会选择和一个爱人共度余生？侯爵则摇摇头，表示现在就很好。他喜欢身边有很多情人，享受被众人爱的感觉。他与生俱来的贵族气质在举手投足中散发出不一样的魔力，但他艺术家的身份让他的生活五光十色。

　　随着子爵的羽翼愈加丰满，侯爵也开始过起闲云野鹤的生活。除了绘画，侯爵偶尔也会写写书。在采访过程中我得知，原来他是出过四本书的作家，目前还有一本书也已经完成，正在等待出版。当我问他晚年是否还想追逐更刺激的人生时，他则给出了让我意外的回答。他说热热闹闹了一辈子，也想回归宁静，希望晚年不常出门，不被打扰，不写作也不画画，只想安安静静地与这个世界握手言和、共度余生。

附录一
我的采访翻译助理　刘隽

刘隽

本科中文系 汉语言文学专业学士学位

UCL－IOE 应用语言学硕士学位

"来自河北唐山的我，家人都是经历过大地震的幸存者，教师众多，从祖辈开始就是读书人，太姥爷是教书先生，还自学过英语。姥爷说之前家里还有过家训"忠厚传家久，诗书继世长"。有这样的亲人启蒙，从小开始所受影响颇深，多多少少遗传了一点对读书的热爱，当然也有点顽固的"小骨气"，不过老辈知识分子的涵养实在是无法企及，到现在也觉得万分感激，高山仰止，景行行止，虽不能至，心向往之。"

"在国内的时候每天都泡在图书馆和书店，写书评做笔记，到了伦敦每天都泡在剧院影院里，剧评影评写得更多，时常找机会去同自己喜欢的编剧和作家见面交流，后又在国家美术馆做过短期讲解，深深感受到伦敦的艺术文化产业的成熟度三言两语很难概括，但确实值得中国学习和借鉴的，这也是我一年多以来的感悟和收获。"

"和文字打了许多年交到，也热爱学术，热衷和不同人交流，有幸两门语言里都做过"咬文嚼字"的事了，思维和眼界也开阔许多。"语言"这个概念博大精深又独具魅力，所以跟语言挂钩的东西我都免不了有些兴趣，希望未来能够有机会继续做文化交流相关的工作，能在不同领域将这些年积累下来的东西慢慢输出，做些有意义的事。"

❀ 英国保守党意大利集团主席
Christian Vimante，刘隽

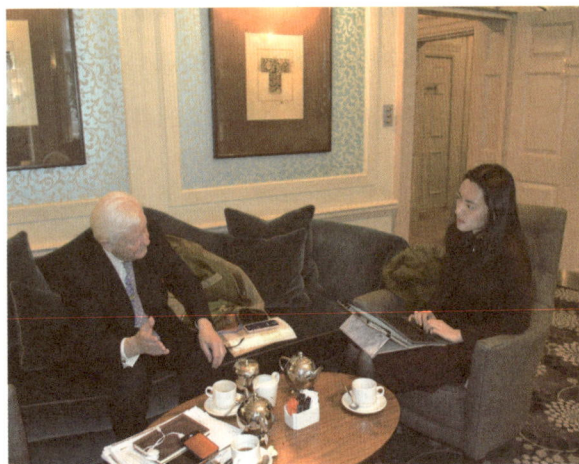

❊ Sir Benjamin
Slade，刘隽

❊ Peter Adlington，
刘隽

附录二
DIONYSUS STUDIOS 电影平台
Amjad Suleman

❀ 左一，马耳他经济外交官 皮特 . 梅里。左三 Amjad Suleman，右一 Balbir Judge ，右三，DIONYSUS 首席营运官 Henry Penzi

※ DIONYSUS 的电影拍
摄现场

※ DIONYSUS 首席商务官
Amjad Suleman

188